人生论

〔俄〕列夫·托尔斯泰 著
许海燕 译

Лев Николаевич Толстой

商务印书馆
The Commercial Press

中译本译自 *O жизни*, Лев Толстой. *Полное собрание сочинений в 90 томах. Том 26.* Государственное издательство художественной литературы, 1928-1958

涵芬楼文化 出品

译　序

　　列夫·托尔斯泰（1828—1910）是俄国最伟大的古典作家，他的《战争与和平》《安娜·卡列尼娜》《复活》，以及许多中短篇小说早已为中国广大读者所熟悉。他不仅是一个深刻反映俄国向资本主义过渡时期的社会现实的伟大作家，同时也是一个十分关心人生意义的思想家。

　　托尔斯泰出生在俄国一个古老的贵族家庭。他的家族有仁爱宽容的传统，从童年时代起，他就受到这种传统的熏陶，这对他的一生有着深远的影响。也许，后来他形成自己独特的、以基督教的博爱宽恕为核心的"托尔斯泰主义"，就是在童年时代种下了第一颗种子。

　　托尔斯泰在19世纪70年代末、80年代初形成了他的"托尔斯泰主义"，但这一思想体系的形成实际上有一个漫长的过程。从青年时代开始，在探索社会问题的同时，他一直在紧张地探索人生的意义问题。

　　1855年3月5日，二十七岁的托尔斯泰在塞瓦斯托波尔前线服役时写过这样一段日记："昨天关于信仰和神的一番谈话使我产生了一个伟大的、了不起的思想,我觉得为了实现它,我能够献出我的一生。这个思想就是建立一种与人类发展状况相适应的新宗教。这是一种不许诺来世的幸福、而给予尘世幸福的实在的宗教。"(俄文版90卷本《托尔斯泰全集》第47卷,第37页,俄国国家文学出版社,1928—1958)这种对人生意义和宗教思想的探索不仅表现在他的日记和书信中,也体现在他的创作中。

托尔斯泰的《战争与和平》中的安德烈公爵和皮埃尔,《安娜·卡列尼娜》中的列文,《复活》中的聂赫留多夫等人物都曾苦苦探索人生的意义,最后都在基督教仁慈、博爱、宽恕的教义中找到了答案。

1877年,托尔斯泰在写完了《安娜·卡列尼娜》之后,开始集中地探索人生的意义和宗教问题。他访问许多教堂和修道院,与主教、神父、修道士以及各种各样的苦行僧谈话,主动参加莫斯科的人口调查,同时还大量地阅读有关人生哲学和宗教的书籍。经过一段时期的调查、钻研和紧张思考,他终于找到了自己多年来一直在探索的问题的明确答案,形成了他的"托尔斯泰主义"。

"托尔斯泰主义"的核心内容是仁慈、博爱、宽恕,不以暴力抗恶和道德自我完善。托尔斯泰希望以此来解决各种社会问题,包括人生的意义问题。尽管在人类社会目前的状况下,"托尔斯泰主义"也许并不能完全解决各种社会问题,但应该说,他的这一思想是对人类理想的终极追求。

托尔斯泰在形成了他的"托尔斯泰主义"以后,写了许多论述性的长篇文章来宣传他的思想,主要包括《忏悔录》(1879—

1882）、《我的信仰是什么？》（1882—1884）、《那么我们应该怎么办？》（1882—1885）、《人生论》（1886—1887）、《天国在你们心中》（1890—1893）等。

托尔斯泰的《人生论》完稿后，原拟以单行本的形式在俄国出版，但由于他在书中所阐述的生命思想，实际上也是对俄国当时黑暗现实的批判和否定，所以已经印好的书被当局的书报检察机关查封和销毁了。后来，经过托尔斯泰的努力，《人生论》于1891年在瑞士日内瓦以单行本出版。

托尔斯泰在《人生论》中指出，自古以来人类就十分关心一个重要的问题：人生的意义是什么？许多人都错误地认为，人生的意义就在于追求个人的幸福，而这种幸福又主要是物质性的幸福。于是，大多数人都把自己一生的精力都耗费在各种物质性幸福的追求上。这实际上就是把人的生命等同于动物的生命了。但事实上人与动物是不同的，人是有理性意识的。仅仅是动物性的幸福并不能使人感到真正的幸福。于是，有人逐渐认识到，人应该追求一种更高的幸福，那就是爱的幸福。人生的幸福、人生的意义，就在于爱。不仅要爱自己的亲人，更要爱其他的人，爱整个人类。只有爱的行为、爱的奉献，才能给每个人、给整个人类带来真正的幸福。

托尔斯泰的《人生论》等诸多论文，曾在当时的俄国以及世界各国产生过很大的影响，因为它们涉及人生的价值取向、人生的意义等根本性的问题。今天，人类的物质文明有了更大的进步，但越来越多的人也逐渐看出，仅仅依靠科学技术和物质文明的进步并不能使人类获得完全的幸福。对物质生活逐渐富裕起来的人们来说，还有一个精神寄托的问题——人怎样生活才是有意义的？我想，托尔斯泰的这本书一定能给关心这个问题的读者以相当的启发。

许海燕

于南京师范大学随园

2022年8月28日

目 录

序　言　/ 001

1　人生的基本矛盾　/ 017

2　自古以来人类就意识到生命的基本矛盾。人类的启蒙者向人们揭示了能解决这种内在矛盾的生命的定义，但伪善者和学究们却对人们掩饰它　/ 021

3　学究们的迷误　/ 027

4　学究们的理论以人的肉体存在的外表现象来偷换人的整个生命的概念，并由此得出关于人生目的的结论　/ 031

5　伪善者和学究们的错误理论既不能解释真正的生命的意义，也不能作为生活的指南；生活的唯一指南是不能用理性来解释的生命的惯性　/ 035

6　我们人类意识的分裂　/ 041

7　意识的分裂是由于把动物的生命与人的生命相混

淆而产生的　　/ 045

8　分裂和矛盾是没有的,它只存在于错误的学说之中　/ 049

9　人的真正生命的诞生　/ 053

10　理性就是被人领悟了的法则,人的生命应当遵循这一
　　法则　/ 057

11　知识的错误方向　/ 061

12　错误的知识产生的原因是把对象放在错误的
　　背景上　/ 067

13　事物的可知性增加了,不是由于事物在时间和空间上显现出来,
　　而是由于支配我们和我们所研究的事物的法则是统一的　/ 071

14　人的真正生命不是那种在时间和空间中产生的东西　/ 077

15　抛弃动物性的幸福是人的生命法则　/ 083

16　动物性是生命的手段　/ 087

17　精神的再生　/ 091

18　理性意识需求什么　/ 093

19　对理性意识的需求之肯定　/ 097

20　人的个体的需求与理性意识的需求互不相容　/ 101

21　不要求根本弃绝个体的需求,而要求使它服从理性　/ 105

22　爱的感情是服从于理性意识的个体活动的表现　/ 111

23　不懂得自己生命意义的人不可能有爱的表现　/ 117

24　真正的爱是弃绝个体幸福的结果　/ 127

25　爱是真正的生命唯一充实的活动　/ 133

26 人们为改善自己的生存所做的种种徒劳的努力,使他们不可能获得唯一真正的生命　/ 137

27 对死亡的恐惧只不过是对无法解决的生活矛盾的意识　/ 141

28 肉体的死亡消灭了属于空间的身体和属于时间的意识,但不能消灭构成生命基础的东西——每一个人对待世界的特殊关系　/ 147

29 对死亡的恐惧之所以产生,是因为人们把被他们的错误想象所局限的生命的一部分当成了整个生命　/ 155

30 生命是对世界的态度,生命的运动是确立新的、最高的态度,因此死亡是进入新的态度　/ 159

31 死者的生命在这个世界上并没有终止　/ 163

32 对死亡的迷信之所以产生,是由于人把自己与世界的各种不同关系混淆起来了　/ 169

33 可以看到的生命是生命的无限运动的一部分　/ 175

34 尘世生活的痛苦无法解释有力地向人证明:人的生命并不是始于生而终于死的个体生命　/ 181

35 肉体的痛苦是人的生命和幸福的必要条件　/ 191

结　论　/ 197

附录一　/ 199

附录二　/ 203

附录三　/ 207

序　言

我们设想有一个人,他赖以谋生的唯一东西是一座磨坊。这个人的父亲和爷爷都是磨坊主,家传的老规矩使他熟知该如何摆弄磨坊的各个部分,使它很好地磨面粉。这个人不懂机械学,但却能使磨坊的各个部分动作协调,面粉磨得又快又好。他就以此为生。

但有一天,这个人忽然思考起磨坊的构造来,他模糊地听说了一些关于机械学的知识,于是他开始观察磨坊里的机械是怎么转动的。

他从磨脐观察到磨盘,从磨盘观察到转轴,从转轴观察到水轮,从水轮观察到闸门,从闸门观察到水流,从水流观察到河水,他终于明白了,问题的关键在于水流和河水。这一发现使他那么高兴,以至于他不再像从前那样,经常仔细看出粉的质量、调节磨盘的间隙、打齿磨盘和调节皮带的松紧,而是去研究河流。他的磨坊变得一团糟,别人开始说他不务正业。他却与他们辩驳，仍旧研究他的河流。他研究了很久很久，与那些指责他思想方法不对的人进行激烈的辩论，最后，他终于确信，河流就是磨坊本身。

对所有指出他的结论不正确的人，他都这样回答他们：没有流水，任何磨坊都不能转动。因此，要了解磨坊，就必须知道怎样控制流水，必须知道水的动力，以及它的动力是从哪儿来的——所以，要了解磨坊，就必须认识河流。

这位磨坊主的结论在逻辑上是无可辩驳的。把他从他的错误理论中引导出来的唯一办法是向他指出，对每一个理论来说，在什么场合采纳这个理论比理论本身更重要。也就是说，要使思考有成效，必须明白，应当先思考什么，后思考什么。必须向他指出，有理性的行为与失去理性的行为的区别仅仅在于，有理性的行为在对待自己的理论时，按其重要性排出先后次序，哪个理论应该排第一位，哪个理论应该排第二位、第三位、第十位，等等。失去理性的行为在对待自己的理论时，则不能排出这样的次序。必须向他指出，这种次序的确定不是偶然的，而是取决于某种目的，那些理论就是为了这种目的而产生的。

所有理论的目的规定出一种次序，每一种理论在其中都有自己的位置，以便使它们都变得合理。

一种理论，如果它与所有理论的共同目的没有联系，那么，无论它多么符合逻辑，也是不合理的。

磨坊主的目的就是要使面粉磨得又快又好，如果他没有忘记这个目的的话，那么对他来说，这个目的就决定了一种不容怀疑的次序，决定了他关于磨盘、水轮、水流和河水的理论的逻辑联系。

如果对待理论的目的没有这样的态度，那么，无论磨坊主的理论多么漂亮，多么符合逻辑，它们都是不正确的，更主要的是，它们都是空洞无用的。这样的理论就类似于基夫·莫凯耶维奇①关于大象的那个理论：如果大象也像鸟一样下蛋的话，那么大象的蛋壳儿该有多厚。照我的看法，我们这个时代关于生命科学的理论就是这样的。

生命就像那个人想要研究的磨坊。磨坊只需要磨粉磨得好就行了，人生也只需要过得好就行了。一个人，哪怕只是在短短的一瞬间里抛弃了这样的研究目的，也不可能还受到惩罚。如果他抛弃了这样的研究目的，那么他的理论就不可避免地会失去自己的位置，变成基夫·莫凯耶维奇式的理论：如果要弄破大象蛋的壳儿，需要用怎样的炸药？

研究生命的目的只是为了使生命变得更美好。那些推动了人类在知识道路上前进的人就是这样研究生命的。但是，除了那些真正的导师和人类的恩人以外，过去和现在总有一些理论家，他们抛弃了理论的目的，专门研究一些支离破碎的问题：生命是从哪儿来的？水磨为什么能转动？有些人肯

---

① 基夫·莫凯耶维奇是俄国作家果戈理的著名小说《死魂灵》中提到的一个人物，他经常思考一些怪诞的问题，诸如兽类为什么不像禽类一样是从蛋里孵化出来的等等。——译者

定地说，水磨转动是由于流水，另一些人则说是由于水磨的结构。争论越来越激烈，理论的目的则被推得越来越远，结果争论变得完全是为了别的目的。

有一个古老的笑话，讲的是一个犹太人和一个基督徒的争论。当基督徒在回答犹太人复杂而又奥妙的问题时，用手掌打了犹太人的秃脑袋一下，发出"啪"的一声，他马上提出一个问题：这响声是从哪儿发出来的？从手掌上还是从脑袋上？于是一场关于信仰的争论就变成了一系列新的无法解决的问题。

与此类似，从古代开始，关于生命的问题就与人类的各种真正的知识一同产生了。

从古代起，人们就在争论生命是从哪儿来的。是起源于精神，还是起源于各种物质的组合？这样的争论一直延续至今，并且看不出会有任何结果。这是因为，争论的目的被抛到一边去了，关于生命的争论与人生的目的失去了联系。"生命"这个词所指的已经不是生命本身，而指的是"生命是从哪儿来的"或是"与生命相伴随的那些东西"。

如今，不仅在科学书籍中，而且在日常谈话中，人们在谈到生命时所说的已不是我们大家所了解的生命——它有着我能意识到的痛苦，那是我所害怕和仇恨的，有着我能意识到的高兴和快乐，那是我所希望的。如今人们谈到生命的时候，认为它或者是根据某种物理学的规律，从一场偶然的游戏中产生出来的，或者是由于它本身的某种神秘的原因产生出来的。

如今,"生命"这个词被附加上了某种有争议的内涵,这些附加的内涵却不包含生命的主要特征——对痛苦和幸福的意识,对善的向往。

"生命是一种普通的、不间断地分解和化合的双重过程。生命是某种连续完成的、不同类型的变化的混合。生命是在运动的有机体。生命是有机体的独特运动。生命是内部关系对外部世界的适应。"

所有这些定义中都充满了不精确和同语反复,这就不说了,所有这些定义的本质也都是一样的,即它们所定义的,与人们对"生命"这个词的共同的、无争议的理解并不相同,而是某种与生命及其他的现象相伴随的过程。

这些定义的大多数适用于晶体的还原过程,还有一些适用于发酵和腐烂的过程,它们全都适用于我的身体内每一个单独的细胞(它们是无所谓好也无所谓坏的)的生命。在晶体、在原生质、在原生质的核、在我和其他人的身体的细胞中所发生的某些过程,他们把它称为"生命",然而生命在我身上却是与追求我的幸福的意识密不可分的。

把探讨生命的某些条件当成是探讨生命,就同把研究河流当成是研究磨坊一样。这样的理论或许在某些地方是很需要的,但这样的理论却没有涉及他们想要探讨的对象。所以,由这样的理论所得出的关于生命的结论就不可能不是错误的。

"生命"这个词非常简洁,非常明了,每个人都明白它的意义。但正因为所有人都明白它的意义，所以我们应该始终在大家都明白的那个意义上来使用它。要知道，这个词之所以被大家所明白，不是因为它被其他的词和概念很准确地界定了，恰恰相反，是因为这个词表示了一个基本的概念，许多其他的概念（如果不是所有其他概念的话）都是从它引申出来的，因此，为了从这个概念出发得出一些结论，我们有必要首先理解这个概念的核心和对所有的人都没有争议的意义。我觉得，正是这一点，被围绕生命的概念互相争论不休的各方疏忽了。事情是这样的，生命的概念在一开始就不是在它的核心意义上被使用的，后来关于它的争论就越来越远离了它基本的和被大家所承认的核心意义，最后，它失去了自己的基本意义，而获得了另一个与它不相称的意义。事情变成了这样：最核心的问题（人们就是围绕它在争论）被遗忘了，争论转移到了新的焦点上。

人们争论着这样的问题：生命是在细胞中呢，还是在原生质中，抑或是在更低的层次，在无生物中？但在争论之前，人们应该先问问自己：我们有权把生命看成是细胞吗？

譬如，我们说细胞中有生命，说细胞是一种有生命的东西。但人的生命的基本概念，与细胞中的生命的概念，不仅是完全不同的，而且是不能混合起来的。一个概念是排斥另一个概念的。我承认，我的整个身体完全是由细胞组成的。别人对我说，这些细胞与我一样具有生命的那些性质，是与我一样的活的东西。但我认为自己是活的，是因为我意识到自己以及组成我身体的所有细胞是一个不可分割的活的整体。别人还对我说，我整个儿是由活的细胞组成的。我该把什么看成是生命的特性？是细胞呢，还是我自己？假如我承认细胞有生命，那么根据生命的概念，我应该能推导出我的生命的主要特征，即意识到自己是一个活的东西；假如我承认，作为一个独立存在的东西，我有生命，那么，很明显，我无论如何也不能承认，生命的那些属性是来源于细胞（它们组成了我的身体，但我却一点也意识不到它们）。

要么我是活的，那些被称作细胞的东西是我身上一个个不活的细小的成分，要么是有一大堆活的细胞，而我所意识到的生命并不是生命，只是一种幻觉。

要知道，我没说在细胞中有那种我们称之为"鲜活的东西"，而是说细胞中有生命。我说"生命"，因为这个词指的不是某种未知的东西，而是一个完全确定的东西，我们全都知道它，并且只是由于自身的存在而知道它，正如我们意识到自己的身体是一个完整的和不可分割的整体一样；我说"生命"，还因为这个概念与组成我身体的细胞毫无关系。

一个人，无论做什么研究和观察，为了表达自己的观察结果，他使用的每一个词语的意义都应该与大家所使用的意义完全一样，不引起争议，而不能使用那种只有他需要，但与大家所知道的基本意义完全不一致的意义。如果可以这样来使用"生命"这个词：即一个事物的性质，与组成它的某个部分的性质是完全没有区别的，就像有人在论述细胞和由细胞组成的生物时一样，那么，我们也可以这样来使用另一些词语，譬如，因为思想是由词语组成的，而词语是由字母组成的，字母又是由笔画组成的，所以写笔画就是表达思想，笔画就可以称为思想。

譬如，在科学界最常见的一种现象就是经常听到和读到关于生命是由物理的、机械的运动造成的理论。

几乎大多数科学家都这样说，我不知道该怎么表达才好，这观点不是观点，奇谈怪论不是奇谈怪论，也许毋宁说是玩笑或谜语。

他们断言生命来源于物理的和机械的力量——我们之所以把那种力量称为物理的和机械的力量，就是因为它们与生命的概念是相矛盾的。

很显然，错误地把一些与生命不相干的概念附加到"生命"这个词上，使得它越来越远离了自己的基本意义，远离了自己的中心，以致（照我的看法）生命被放到了不可能有生命的地方。这样的断言就类似于说，有这样一种圆或球，它的中心在它的外面。

事实上，生命（除了由恶趋向于善，我不能想象，它还能是别的什么）产生于那个我既看不到善也看不到恶的领域。显然，生命概念的中心完全被转移了。除此以外，观察那些所谓对生命的研究，我甚至发现，那些研究几乎丝毫也不涉及我所熟知的概念。我发现了一系列新的概念和新的词语，它们在科学词语中都有自己约定的意义，但与现存的概念却没有任何共同之处。

我所知道的生命的概念与他们所理解的生命的概念不一样，由他们所理解的生命的概念所引出的许多其他概念与平常的概念也不一样，而是一些新的、特定的、带有各种杜撰的名称的概念。

人类的语言日益受到科学研究的排挤，表达现存事物和概念的词被排挤了，科学术语满天飞，这些术语跟真正的术语之间的区别就在于，真正的术语用普遍的词来表达现存的事物和概念，而这些所谓的科学术语却用根本不存在的词来表达根本不存在的概念。

人类思想交往的唯一手段是语言，为了使这种交往成为可能，人们使用词语的时候就必须使每一个词都让大家产生一个相应的、明确的概念。如果使用词语的时候随随便便，词语所表达的意思使人百思不得其解，那不如不要说话，用手势来表达意思。

我同意，确定世界的规律是靠理性的结论，而不是靠经验，观察的结论有时是不可靠和不科学的，即不能给予人真正的知识。但如果靠经验和观察来研究世界的现象，但在运用经验和进行观察时所使用的概念又不是基本的和为大家所认同的，而是特定的，在描述观察的结果时所使用的词语又是可以做各种解释的，那事情岂不就更糟糕？如果药瓶上的标签贴错了，即使药剂师是合格的，再好的药房也会带来极大的危害。

有人对我说，研究生命的总体（包括意志、对幸福的追求和精神世界）不是科学的任务，科学的任务只是把那些属于用经验研究的现象从生命的概念中抽象出来。

如果是这样倒是很好和很合理的。但是，我们大家都知道，我们当代的科学在人们的心目中完全不是这样的。如果首先在其核心的、大家都共同认可的意义上确定了生命的概念，那么其他的东西就明确了，科学从这样的生命概念中抽象出生命的各个方面（除了科学观察不到的以外），观察各个方面的现象，在每个方面它都有自己独特的研究方法，那就太好了，完全是另外一回事了。那时候，科学所占据的地位，我们在科学的基础上所得出的结果，就完全不一样了。应该有什么说什么，而不应该隐瞒我们所知道的一切。难道我们不知道吗？大部分有经验的研究生命的科学家都相信他们研究的不仅是生命的某个方面，而是整个生命。

天文学、机械学、物理学、化学和所有其他的科学，每一种科学都深入研究了生命的某个方面，但对生命的总体却没有得出任何结论。只有在野蛮的时代，也就是一切都不清楚，一切都不确定的时代，某些科学才试图以自己的观点来把握生命的全部现象，结果是陷入迷途，杜撰出许多新的概念和名词。那就是天文学还是占星学的时代，化学还是炼金术的时代。然而，如今在实验进化论那儿也发生了这样的现象，那门科学研究了生命的一个或几个方面以后，就宣称已经研究了生命的全部。

对自己的学科持有这种错误观点的人无论如何也不肯承认，他们的研究只涉及生命的某些方面，他们断言，整个生命以及它的各种现象，都可以用这种外部实验的方法来研究。他们说："如果'心理'（他们喜欢他们的术语中这个含义模糊的词）我们现在还不了解的话，那么我们将会了解它"；"研究了生命现象的一个或几个方面，我们就知道了它的所有方面"等等。换句话说，如果很长久很竭诚地从一个方面观察一个事物，那么我们就能了解这个事物的各个方面，甚至它的内部。

无论这种只能用迷信来解释的学说是多么奇怪，它确实存在着，就像所有荒诞的学说一样，它产生了非常危险的影响，引导人们的思想走上错误、有害无益的途径。把自己的一生贡献给这种几乎毫无用处的研究的人将被毁掉，投入到这个毫无用处的方向的人类的物质力量将被白白地毁掉，投身于这种被看成为人类服务的崇高活动，但实际上却是基夫·莫凯耶维奇式的有害无益的活动的青年一代将被毁掉。

人们常说：科学从各个方面研究生命。但问题在于，每一个事物都有无数个方面，就像球有无数条半径一样，不可能从所有的方面去研究，而应该知道哪些方面更重要些、更需要些，哪些方面不太重要、不太需要。正如不可能立刻适应一个事物的所有方面一样，要一下子就把生命的各种现象研究出结论来也是不可能的。必须循序渐进。问题的关键就在这儿。只有循序渐进才能理解生命。

只有正确地理解生命，才能在总体上以及具体在每门学科上给科学指明正确的方向和应有的作用，并根据它们对生命的作用的重要程度来安排它们。如果对生命的理解不能被我们大家所接受，那么这种科学就是错误的。不是我们称之为科学的那种东西决定生命，而是我们对生命的理解决定那种应当称之为科学的东西。因此，为了使科学能成为科学，必须首先解决一个问题：什么是科学？什么不是科学？而为此就必须把生命的概念彻底地弄清楚。

我坦率地说出我的全部思想吧：这种错误的实验科学的基本信仰和教条我们全都了解。

物质和物质的能量是存在的。能量运动着，机械的运动转变为分子的运动，分子的运动表现为热、电、神经和大脑的运动。所有的生命现象都毫无例外地可以用能量的关系来解释。一切都是那么简单、明了、美丽，更主要的是合适。如果我们不是需要那么多东西的话，我们的整个生命会简单得多，那么这一切就全都是在胡说。

我的桀骜不驯的思想是这样的：我认为人们为了证明那些概念需要一整套的东西，就把大部分的能量和实验科学活动的热情，全都消耗在虚构这一整套东西的欲望上。

在所有这些科学活动中，你所看到的与其说是研究生命现象的愿望，不如说是一种固定不变的、对证明自己的基本教条的、正确性的关心。干吗要耗费那么多力气去试图解释有机物怎样从无机物中产生，心理活动怎样从生物的运动中产生呢？有机物是不会变成无机物的：我们在海底寻找，找到的只是一些被称作细胞核和无核原生动物的东西。

海洋里没有，但我们相信我们会找到的，尤其是，将来还有无数个世纪可供我们使用，我们可以搞出虽然目前还没有，但按照我们的信仰应该有的一切。

关于生命的运动怎样产生心理活动的问题也是这样。目前还不清楚，但我们相信，将来会搞清楚的，我们将运用所有智慧的努力来证明哪怕只是这种现象的可能性。

争论与生命无关的问题，也就是说，争论生命是从哪儿来的：是万物有灵，是活力论，还是来自某种更特殊的力量——这样的争论使人们忽视了有关生命的主要问题，忽视了这个主要问题，生命的概念就失去了自己的意义。这样的争论还使从事科学工作的人（他们本来应该引导其他人）变得像一个匆匆忙忙在赶路、却忘记了自己该往哪儿去的人。

也许是我故意竭力不去看科学在它现在的方向上所取得的巨大成果？但要知道，任何巨大的成果都不能纠正错误的方向。我们假定一种不可能的情况，即所有想了解现在的生命科学的人都肯定（即使他们自己并不相信这一点），一切都会搞清楚的。我们再假定，一切终于搞清楚了，清楚得像大白天一样。人们清楚了无机物怎样通过某种过程产生了有机物，清楚了肉体的能量怎样变成情感、意志和思想，不仅中学生，连乡村的小学生也知道这些知识。

如果我知道了怎样的运动会产生怎样的思想，那又怎么样呢？难道为了产生这种或那种思想，我能够左右某种运动，或是不能够左右某种运动吗？关于我应该产生怎样的思想和情感的问题不仅没有解决，甚至还没有涉及。

我知道，从事科学工作的人回答这个问题是不困难的。这个问题在他们看来非常简单，就像任何困难的问题的解决对不了解它的人来说总是非常简单一样。解决怎样安排我们所掌握的生命的问题，在从事科学工作的人看来是非常简单的。他们会说：让人们能尽量满足自己的需要，这样安排就行了。科学首先是要制造出许多物质，以便公平地分配，满足人们的各种需求；其次是要又多又容易地制造出各种物质，以便使人们的需求能很容易地得到满足，这样，人们就幸福了。

如果你问，什么是需求，需求的限度在哪儿？他们对这个问题的回答也是很简单的：科学，只有科学能分配肉体的、心智的、审美的，甚至道德的需求，能明确怎样的和什么程度的需求是合理的、怎样的和什么程度的需求是不合理的。

科学将确定这一切。如果有人问，凭什么来确定需求的合理与不合理？对此他们会勇敢地回答：凭对需求的研究。但需求这个词只有两种意义：一是生存的条件，而每种事物的生存条件是无数的，因此，不可能去研究所有这些条件；二是有生命的东西对幸福的要求，这种要求只被意识所感觉和确定，经验科学就更不可能去研究它。

有那么多机构、公司、会议，有那么多聪明人，他们是永远不会错的,那就是所谓科学。他们将解决这一切。

这不是很明显吗,这样来解决问题,就好像是在摩西的王国里,科学扮演着摩西的角色,而对于那些想得到解释的人,别人告诉他,你必须自觉地相信科学的教条,就像犹太人相信摩西一样。然而,坚信科学的人与犹太人之间还是有区别的,虔诚的犹太人把摩西看成上帝的使者,相信他凭自己的权力所做的一切都是最好的,而坚信科学的人事实上却不可能相信,通过对需求的外在研究能够解决关于生命的主要和唯一的问题。

1 / 人生的基本矛盾

任何人活着都只为了能过得好，为了追求自己的幸福。一个人如果感觉不到自己有追求幸福的愿望，他也就感觉不到自己是活着。人不可能想象一种不想获得个人幸福的生活。对每个人来说，生活都是一样的，即希望并争取获得幸福。希望并争取获得幸福，这就是生活。

一个人，只在自己身上，在自己这个个体中感觉到生命，因此，起初人认为，他所希望获得的幸福只是他个人的幸福。起初他似乎觉得，活着的，真正活着的只有他一个人。他觉得其他人的生命与自己的生命完全不一样。他觉得其他人的生命只是一种生命的类似物。人只是观察别人的生命，只是通过观察才知道别人也活着。人只是在愿意想到别人的时候，才了解别人的生活，而关于他自己，他是实实在在地知道、一秒钟也不能停止地知道自己活着。因此，每个人都觉得只有自己的生命才是真正的生命。他觉得他周围其他人的生命只是他自己存在的条件之一。如果他不希望别人遭到不幸，那只是因为别人痛苦的样子会破坏他的幸福。如果他希望别人幸福，那也与希望自己幸福完全不一样，即他并不是要别人也过得好，只是为了让别人的幸福来增加他自己的幸福。只有那种他感觉到是自己的生活中的幸福，即自己的幸福，他才觉得是重要的和必需的。

于是，在追求实现这种自己的幸福时，人注意到这种幸福取决于别人。在观察研究其他人时，他看到，所有的人，甚至动物，都有着与他一样的生命观。这些生灵中的每一个，都与他一样，只感觉到自己的生命和自己的幸福，认为只有自己的生命是重要的和真正的，而所有其他生灵的生命只是实现他的幸福的工具。他看到，每一个生灵大概都像他一样，准备为了自己的小幸福去剥夺所有其他生灵的，包括像他一样具有思考能力的人的大幸福，甚至生命。明白了这一点以后，他会不由自主地形成这样的想法，即如果这是真的（而他知道这无疑是真的），那么不是一个，也不是十个，而是世上所有数不清的生灵，为了达到自己的目的，每一分钟都准备消灭他本人，而他却认为生命仅仅是为了他而存在的。明白了这一点以后，他会发现，他视为生命意义所在的他的个人幸福，不仅不可能轻易地被他获得，而且可能会被夺走。

人活得越久，这一结论就越为经验所证实，他就会看到，他也参与其中的这个由相互联系着的、彼此想消灭或吞食对方的个体所组成的世界的生活，对他来说，不仅不可能是幸福，而且可能是巨大的灾难。

况且，即使一个人处在有利的条件下，他能成功地与别的个体进行斗争，不必为自己担惊受怕，理智和经验也会很快地向他指出，他为了个人的享受而从生活中抢来的那些类似幸福的东西，其实并不是幸福，而仿佛只是幸福的模型，之所以让他得到这些模型，只是为了使他更真切地感受总是与欢乐相伴随的痛苦而已。人活得越久，他就越清楚地看到，欢乐变得越来越少，而寂寞、厌烦、操劳和痛苦却变得越来越多。不仅如此，他还开始体会到精力的衰退和疾病的折磨。看到别人生病、衰老和死去，他会更加注意到他的生存（他只在其中才感觉到真正的充实的生命），每个小时、每动一下都趋近于虚弱、衰老和死亡。他的生命，除了有千百次的偶然机会可能被那些与他们斗争的其他生灵消灭掉，以及必须忍受日益增大的痛苦以外，由于本身的属性，它也只是在不断地趋近死亡，不断地趋近任何个人幸福的任何一种可能性大概都将与个体的生命一同被消灭的状态。他看到，他，他的个体（他只在其中感觉到生命）所做的只不过是与他根本不可能与之搏斗的东西搏斗——与整个世界搏斗。他寻求欢乐，但得到的却只是类似幸福的东西，并且总是以痛苦而告终。他想留住生命，但生命是不可能留住的。他看到，他本人，他的个体本身（他就是为了它而希望获得幸福和生命），既不可能获得幸福,也不可能获得生命。而他想要获得的那些东西——幸福和生命,只有别的生灵才拥有,而那些生灵他感觉不到,也不可能感觉到,他不知道,也不可能和不想知道他们的存在。

这个对于他来说重于一切、他所唯一需要的、他以为是唯一真正活着的东西,即他的个体,将要灭亡了,将要变成骨骸,变成蛆虫——不再是他了。而那个对他来说既不需要也不重要、他感觉不到是活着的、由无数相互斗争着和不断更替着的生灵所组成的世界,即真正的生命,却存在着,并且将永远存在下去。因此,那个人唯一能感觉到的、他的全部活动都是为它而进行的生命,却原本是某种骗人的、空洞的东西,而在他以外、他不爱也感觉不到和不了解的生命却是唯一真正的生命。

只有他感觉不到的那个世界才拥有他希望获得的东西。这并不是人在情绪颓丧时的错觉,也不是一种没由来的想象,恰恰相反,这是清楚明白、毫无疑义的真理。人哪怕有一次想到过这个真理,或者别人哪怕有一次向他点明过这个真理,那么他就永远也不会再抛弃它,任何东西也不可能把它从他的意识中抹掉。

2 / 自古以来人类就意识到生命的基本矛盾。人类的启蒙者向人们揭示了能解决这种内在矛盾的生命的定义,但伪善者和学究们却对人们掩饰它

起初人错误地认为生命的唯一目的是个人的幸福,但幸福对于个人来说是不可能的。如果生命中有某种类似于幸福的东西,那么这种把幸福看成唯一目的的个体生命,它的每一种动作,每一次呼吸,都无法阻遏地使它慢慢趋向于痛苦和罪恶,趋向于死亡和毁灭。

这一点是那么清楚明白,任何一个人,年轻人和老年人,受过教育的人和没有受过教育的人,都看得清它。这个理论是那么简单自然,它明摆在任何有理性的人面前,自古以来人们就知道它。

"只是竭力追求个人幸福的人,他们的人数多得无法计算,他们只是互相毁灭和毁灭自己,这种人的生命是罪恶的、没有意义的,真正的生命不能是这样的。"自古以来人们就对自己这样说,印度、中

国、埃及、希腊和犹太的智者曾非常有力、非常清楚地表达过人生的这种内在的矛盾,自古以来人们就努力想认识这样一种人生的幸福,它不会导致人与人之间毁灭性的生存斗争,以及痛苦和死亡。自从我们知道了有这样的人生幸福以后,人类的所有进步活动就是竭尽全力想弄清楚这种不容怀疑的、不会被斗争、痛苦和死亡破坏掉的人生幸福。

自古以来,人类的各个不同民族的伟大导师就越来越清楚地向人们揭示了能解决生命内在矛盾的生命的定义,向人们指出什么是真正的幸福,什么是他们所可能有的真正的生活。世界上每个人所处的地位都是一样的,因为对每个人来说,追求个人幸福与认识到这种幸福的不可能之间的矛盾是同样的。人类最伟大的智者对人们揭示的真正的幸福的所有定义,在本质上都是相同的。

"死生有命,富贵在天。"公元前6世纪的孔子这样说。

"生命是达到了最高幸福的灵魂的漫游和完善。"古代的婆罗门教徒这样说。"生命就是要弃绝自己,去达到涅槃的幸福境地。"孔子的同时代人释迦牟尼这样说。"柔弱者生之徒。"孔子的另一个同时代人老子这样说。"生命是上帝对人的鼻孔里吹进的一股气,为的是要人执行他的戒律,从而获得幸福。"犹太的智者这样说。"生命就是要服从能给人以幸福的理性。"斯多葛学派的智者这样说。"生命就是对上帝和他人的爱,这样的爱能给人以幸福。"基督这样说,他把上述所有智者的话都纳入了他的定义中。

千百年前的这些对生命的定义向人们揭示了个人幸福的

虚假和不可能,给人们指出了真正永生不灭的幸福,解决了人生的矛盾,赋予人生理性的思想。可能有人不赞同这些生命的定义,可能有人认为这些定义还可以表达得更准确更清楚,但人们不可能不看到,承认了这些定义,就能消除生命的矛盾,放弃对不可能达到的个人幸福的追求,而代之以另一种对永生不灭的、不会被痛苦和死亡所破坏的幸福的追求,就能赋予生命性的意义。人们不可能不看到,这些定义理论上是正确的,它们正在被生活的经验所证实,千百万已经承认和正在承认这些生命定义的人,事实上已经揭示了和正在揭示放弃对个人幸福的追求,转而追求那种不会被痛苦和死亡所破坏的幸福的可能性。

然而,除了那些已经理解和正在理解由人类伟大的启蒙者对人们所揭示的生命的定义的人,还有许多人,他们过去和现在都占人类的大多数,他们在一生的相当一段时期中,有时甚至是整个的一生中,一直过着动物一般的生活,不仅不理解那些解决了人生矛盾的生命的定义,而且甚至没看出人生的矛盾。无论是过去还是现在,在这些人中间总有一部分人,他们由于自己表面的特殊地位,认为自己的使命是领导人类。他们自己并不理解人生的意义,却还在教导别人怎样生活。他们说,人生没有什么别的,就是个体的生存。

这种误导人的导师过去一直有,现在也还有。有些人口头上也信奉那些人类的启蒙者的学说,他们一直受这种学说的教育,但是他们却不理解这些学说合理的意义,他们把这些学说只看成是对人类过去和将来生活的超自然启示,只要去执行一些仪式就行了。这些伪善者（在最广泛的意义上的）教导别人说，不合理的生活也能由于信仰和执行一些外表的仪式而变成另外一种生活。

另一些人则不承认可能有任何一种别的生活，他们只承认肉眼看得见的生活，他们否认任何奇迹和任何超自然的东西，他们大胆地断言，人的生活不是什么别的样子，生活没有任何不合理的地方。

这些误导人的导师，他们提出这种或那种理论是由于他们丝毫也不理解人生的基本矛盾，他们的理论是与自己为敌并相互为敌的。这两类理论统治了我们这个时代，它们彼此为敌，互相攻讦，闹得乌烟瘴气，这些争吵对人们掩盖了指出通往真正的人生幸福道理的生命的定义，而那些定义是千百年前就已经对人类揭示了的。

伪善者们自己曾学习过一些导师的教导，但他们不理解那些导师所指出的生命的定义，反而用自己错误的、关于未来生命的解释来替代导师们的教导，同时竭力对人们掩盖另外一些人类启蒙者关于生命的定义，而把一种对那些定义的粗暴残酷的曲解推到自己的学生面前，他们竭力维护人类启蒙者的学说的权威，是为了把自己的曲解建筑在那些学说之上。[①]

[①] 人类的另外一些启蒙者关于生命的定义的合理思想的一致性，对伪善者来说并不是那些人类导师（伪善者们会学习过他们的教导）的学说的正确性的最好证明，因为伪善者们用错误的、不合理的解释替换了他们的导师的学说的本质，而这种一致性会动摇人们对伪善者们的解释的信奉。——原注，未做特别说明的均为原注，后不另注。

学究们呢，他们不怀疑伪善者的理论是否有合理的基础，他们干脆否认任何关于未来生命的学说，他们大胆地断言，所有这些学说都没有任何基础，而只是无知愚昧的习俗的残余，人类的进步活动只是为了不给自己提出任何超越人的肉体生存界限的有关生命的问题。

3 / 学究们的迷误

真是怪事！人类所有的伟大智慧的学说以自己的伟大震惊了人们，无知无识的人大多赋予它们以超自然的性质，把它们的创始者看成是半神（正是那些创始者成了这些学说的威望的主要标志），在学究们看来，这种情况正是这些学说错误和落后的最好证明。亚里士多德、培根、康德以及其他一些人的影响不大的学说，过去和现在都只被少数读者和崇拜者所掌握，它们的错误从来不能影响广大群众，因此也不会遭到迷信的曲解和故意篡改，这种因为影响不大而出现的结果却被看成是它们的正确性的证明。而婆罗门教、释迦牟尼、琐罗亚斯德、老子、孔子和基督的学说之所以被认为是迷信和迷误，只是因为它们改变了千百万人的生活。

数十亿人过去和现在依靠这些迷信生活着，因为即使是以一种歪曲了的形式,它们也回答了人们关于什么是真正的人生幸福的问题,这些学说在过去的世纪里不仅构成,而且常常就是优秀的人们思想的基础。而学究们所承认的那些理论,却只被他们自己所接受,并且总是引起争论,有时连几十年的寿命也没有,它们来得快也去得快,学究们却一点也不感到害臊。

年鉴的统计栏里标明,现在地球上居民的信仰大约有一千种。这一千种信仰中包括佛教、婆罗门教、儒教、道教和基督教。我们这个时代有许多人真诚地信奉这些宗教。如果这一千种宗教都是胡说,那干吗还要去研究它们?我们这个时代的人如果不懂得像赫伯特·斯宾塞[1]、赫尔姆霍兹[2]之类的大智大贤最近的名言,他会感到羞耻,但关于婆罗门教徒、释迦牟尼、孔子、孟子、老子、爱比克泰德,他们有的知道其名字,有的却连名字也不知道。他们不知道,在我们这个时代,人们的信仰实际上没有一千种,而只有三种:中国的、印度的和欧洲基督教(包括由它派生出来的伊斯兰教)的,关于这些信仰的书花五个卢布就能买到,两个星期就能读完,这些书(整个人类过去和现在都是依据它们生活的)中除了大约百分之七我们不了解以外,包含了人类的全部智慧,其

---

[1] 赫伯特·斯宾塞(Herbert Spencer, 1820—1903),英国社会学家、哲学家。——译者

[2] 赫尔曼·路德维希·冯·赫尔姆霍兹(Hermann Ludwig von Helmholtz, 1821—1894),德国物理学家、生理学家。——译者

中所说的,都是人类应该做的。然而,人们却不了解这些学说——学者们不了解它们,或许因为这不是他们的专业,然而哲学家们也不认为有必要去读这些书——干吗要去研究那些古代的哲人呢?然而正是这些哲人解决了被有理性的人们所意识到的人生的基本矛盾,并且指明了什么是真正的幸福,什么是真正的人生。学究们不了解这个构成合理生活的基础的矛盾,他们大胆地断言,因为他们没看见这个矛盾,所以这个矛盾就不存在,人的生活只是一种动物性的生存。

眼睛好的人能够看见和确定他面前的东西,瞎子用拐杖在面前点点戳戳,就认定在他前面除了他的拐杖所碰到的东西以外什么也没有。

4 / 学究们的理论以人的肉体存在的外表现象来偷换人的整个生命的概念,并由此得出关于人生目的的结论

"生命——就是一个活的物体从生到死的过程。一个人、一只狗、一匹马,都有自己独特的身体,他的这个独特的身体活着,然后死去了。尸体腐烂了,变成了另外的物质,原先的那个物体就不存在了。生命曾存在过,后来生命结束了。心脏跳动着、肺呼吸着、身体没有腐烂,就意味着那个人、那条狗、那匹马还活着。心脏不再跳了、呼吸停止了、身体开始腐烂了,就意味着死了,不再有生命了。生命就是从人的身体中产生出来的,正如动物一样,在生与死的间隔中产生出来的。还有什么能比这更清楚?"刚刚脱离了动物状态的、最粗鲁最无知的人就是并且总是这样看待生命的。我们这个时代,学究们的那些自称为科学的理论,就把这种最粗鲁最野蛮的关于生命的概念说成是唯一正确的概念。这

种错误的理论运用人类所获得的各种外表的知识为武器,总想把人类拖回到黑暗愚昧的状态中去,而人类是花了数千年的时间,做了多么大的努力才从这种黑暗愚昧的状态中挣脱出来的啊!

这种理论认为,我们不能在自己的意识中确定生命的概念。仔细观察自己的生命会使我们感到迷惘。关于幸福(在我们的意识中,我们的生命就是追求它)的概念是一个骗人的幻影,不可能通过意识来理解生命。要理解生命,只能观察它的外表现象,把它当成一种物体的运动。只有通过这样的观察,总结出规律,我们才能找到生命本身的规律,人的生命的规律。①

错误的理论就是这样,它用生命外表的部分——肉体的存在,偷换人的整体生命的概念,它先研究肉体的人的外表现象,再研究动物的外表现象,然后是植物的外表现象,最后是物质的外表现象,它断言它所研究的不是一些现象,而是生命本身。观察是那么复杂,那么形式多样,那么千头万绪,耗费了那么多的时间和精力,以致人们渐渐地忘记了他们犯了一个基本的错误——把局部当成了整体,最后他们完全相信,研究物质、植物和动物的外表现象就是研究只在人的意识中才能感觉到的生命本身。

结果就发生了类似这样的事:指路的人所做的,就是希

---

① 真正的科学了解自己的地位和自己的目的,它是谦虚的,因而也是强大的和有力的。真正的科学从来不说这样的话。

望向他问路的人一直搞不清方向。

"除了出现影子的那个方向，你别朝任何其他地方看，"指路的人说，"更主要的是，别看目标本身。要知道目标是没有的，有的只是它的影子。"

这就是当代学究的伪科学所做的事，它观察生命时忽视了它的主要内涵——只在人的意识中表现出来的对幸福的追求，它纵容了粗野无知的人们。[1]伪科学直接从与追求幸福无关的生命概念出发，观察生物生存的目的，它在生物身上找到了一些与人毫不相干的生存目的，就硬把它们与人联系在一起。

通过这种表面的观察，生物生存的目的似乎就是保存自己的个体，保存自己的种族，繁殖后代和为生存而斗争。于是有人就把这种想象出来的生命的目的硬与人联系在一起。

伪科学把落后的生命概念（这种概念忽视了人生命的内在矛盾，而这种矛盾却是人生命的主要特性）作为自己的出发点，最后得出的结论正是人类中最粗鲁的大多数所要求的——承认个体的幸福的可能性，承认人的肉体存在的幸福。[2]

伪科学甚至比粗鲁的大多数（他们只是想找到的一种解释）所要求的走得更远，它断言人类的理性意识拒绝了自己最初的闪光，它得出结论说，人的生命与所有动物的生命一样，就在于为个体、家族和种族的生存而斗争。

---

[1] 关于生命的错误定义，请参见本书书末的附录一。
[2] 参见本书书末的附录二。

5 / 伪善者和学究们的错误理论既不能解释真正的生命的意义，也不能作为生活的指南；生活的唯一指南是不能用理性来解释的生命的惯性

"生命是无法定义的：每个人都知道它，就是这么回事，让我们生活吧。"被错误理论迷误的人们这样说。他们不知道什么是生命，什么是生命的幸福，他们觉得他们生活着。他们认为，一个人怎么会没有任何方向地在波浪上漂浮呢？他肯定正朝着他想去和应该去的方向游。

一个孩子，不管是穷人家的还是富人家的，一生下来就受到伪善者或学究们的教育。对孩子和年轻人来说，还不存在生命的矛盾和有关生命的问题，因此，无论是伪善者的解释还是学究们的解释，他都不需要，也不能指导他的生活。他只是向一个他周围人的榜样学习，这些伪善者和学究的榜样是一样的：他们活着只是为了个人生活的幸福，他们也是这样教导他的。

如果他的父母亲是穷人，他就从他们那儿得知，生活的目的就是要获得更多的面包和钱，怎样才能又使自己的肉体活得舒服，又少付出劳动。如果他的父母亲是富人，他就从他们那儿得知，生活的目的就是财富和荣誉，怎样才能比较愉快地度过时光。

穷人所获得的知识对他来说只是在如何改善自己的经济状况方面有用。富人所获得的科学和艺术知识，尽管用各种高雅的词汇标榜着什么科学和艺术的意义，也只是在他需要知道如何排遣无聊和愉快地度过时光时有用。无论是穷人还是富人，他活得越久，统治着世人的那种观点就越深地渗透进他的心中。他们结婚，组成家庭，由于家庭的缘故，对获得肉体生命的幸福的渴求变得更强烈了：与别人的斗争越来越残酷，生活仅仅是为了个人幸福的（惯性）习惯就确立了。

如果那个穷人或富人对这种生活的合理性产生了怀疑，如果有人对他提出了这样的问题：为了自己和子子孙孙的生存，非得要进行这种无目的的斗争吗？为什么要去追逐那些转瞬即逝的享乐呢？对我和我的孩子们来说，那些享乐最终都将以痛苦而结束，那么使他了解千百年前的伟大导师们给人类做出的生命的定义就不是不可能的了。伪善者和学究们的理论把那些定义完全掩盖了，很少有人能看得见它们。有人问："生命为什么这样痛苦？"伪善者回答说："生命是痛苦的，从来就是痛苦的，也应该是痛苦的。生命的幸福不是在现世，而是在前生和死后。"婆罗门教徒、佛教徒、道教徒、犹太教徒和基督教徒中的伪善者从来都是这样说的。他们说，现世的生活是罪孽，解释这种罪孽要追溯到创世之初和人类诞生之时。要赎清这种罪孽必须等到死后。为了在来世获得幸福，人们就必须信奉他们教给人们的学说，必须奉行他们指定的种种仪式。

有的人看到那些只为了个人幸福而活着的人的生活，看到也是为了这个目的而活着的伪善者们的生活，看到了这种解释的错误，于是他们产生了怀疑，他们没有进一步地思考伪善者的答案的意义，就不再相信他们了，直接转向了学究们。

"有许多学说主张人所过的生活应该与我们看到的动物的生活不同，这全是无知的结果。"学究们说："你对你生活的合理性的所有怀疑都是徒劳的空想。世界上的生命，地球上的生命，人、动物、植物的生命都有自己的规律，我们研究这些规律，我们研究世界、人、动物、植物和一切东西的起源。我们研究太阳变冷以后，世界将变成什么样子，研究人、所有的动物和植物的过去和未来。我们能够证明世界上的一切都正如我们所说的那样。此外，我们的研究能促进人类的富裕。至于你的生活和你对幸福的追求，我们对你说不出什么有用的话，不过，即使没有我们你也知道，活着，就是为了活得更好些。"

心怀疑问的人从伪善者和学究们那儿都没有得到答案，仍旧像过去一样，除了个人的动机以外，没有任何生活的指南。

心怀疑问的人中有一部分根据帕斯卡尔的理论对自己说："瞧，这说得多对！比伪善者吓唬那些不执行他们命令的人的话对多了！"他们在空闲的时间执行伪善者的所有命令（损失是不大的，收获确实很大）；而另一些人则赞成学究们的理论，完全否认任何其他的生活，否认所有的宗教仪式，他们对自己说："不是我一个人，所有的人过去和现在都是这样活着的，将来该怎样就怎样吧。"两种人有区别，但谁也不比谁更好。他们都解释不出真正的生命的意义。

但生活必须进行下去。

从早晨起床到晚上睡下，人每天的生活都有一系列的行为。人每天都必须不停地从几百种可能的行为中选择他所要做的。无论是伪善者解释天国生活的秘密的理论，还是学究们研究世界和人类起源并预言它们未来命运的理论，都没有给出人的日常行为的指南。而没有指南指导人如何选择自己的行为，人就没法生活。一个人，不管他愿意不愿意，他所服从的常常不是某种理论，而是每个人类的群体过去和现在都存在的外表生活的指南。

这种指南没有任何理性的解释，但它却指导着每个人的大部分行为。这种指南是人类的群体的生活习惯，它对人们的影响力越大，人们就越少去思考自己生活的意义。这种指南不能用明确的语言表达出来，因为它是在不同的时间和不同的地点从最多种多样的事情和行为中逐渐形成的。对中国人来说，它是祖宗牌位前的蜡烛；对穆斯林来说，是去朝拜圣地；对印度人来说，它是某些祈祷文；对军人来说，它是对军旗的忠诚和制服的荣誉；对上流社会的人来说，它是决斗；对山民来说，它是血亲复仇；它是某些日子里的饮食，是对自己孩子的某种教育；它是拜访，是住宅的某种陈设，是生日、婚礼和丧葬的某种仪式；它是充满整个生活的无数事情和行为。它就是所谓礼节、习俗，而且常常是责任，甚至是神圣的责任。

除了伪善者和学究们对生命的解释以外，这就是大多数人所遵循的指南。一个人从童年开始就在自己身边处处见到人们满怀着信心和外表的庄重在做这些事情，他不需要对自己的生命做任何理性的解释，就也开始做这样的事情，而且还竭力赋予它们以合理的意义。他想相信做着这些事情的人都能解释他们是为了什么而做这些事情的。他也开始使自己相信这些事情都有合理的意义，即使他不完全了解这些意义，别人一定了解。但实际上大多数其他的人都与他完全不一样，对生命也没有合理的解释。他们做这些事情只是因为他们觉得，别人对这些事有合理的解释，因此他们也想向别人去求得对这些事的解释。于是人们就这样不由自主地互相骗着。人们不仅越来越习惯于做这些没有合理解释的事，而且习惯于赋予这些事以某种神秘的、他们自己也不明白的意义。他们对自己所做的事的意义了解越少，这些事情对他们来说越是可疑，他们就越是赋予它们以重大的意义，越是郑重其事地去完成它们，穷人和富人都做着他们周围的人所做的事，把这些事情说成自己的责任，神圣的责任，并且安慰自己说，那么多人做这些事已经做了那么多年，而且对它们的评价那么高，他们的生活不可能不是真正的生活。人们活到暮年，到死为止，都竭力叫自己相信，如果他们自己不知道他们为什么生活，那么其他人一定知道，但实际上其他人对于人为什么生活知道得与他们一样少。

新的一代人出生了，来到了世上，长大成人，他们看到芸芸众生在忙碌拥挤着，年迈的人、头发花白了的人、受人尊敬的有地位的人，全都参加到其中，因而他们相信，这种无理性的忙碌拥挤就是人生，没有别样的人生，于是他们在这忙碌拥挤的人群边上也拥挤了一阵子就离开了。他们并没有看到人们的聚会，只在门口看到一群拥挤喧闹的人，就认定这就是人们的聚会，于是他们也在门口拥挤了一阵子，衣服都揉皱了，回家的时候一心相信他已经参加了聚会。

人们劈开了山岭，飞遍了世界。电器、显微镜、电话、战争、议会、慈善事业、党派斗争、大学、学术团体、博物馆……这些就是生命吗？

人类所有复杂的、忙碌的活动，包括贸易、战争、交通、科学、艺术等等，大多数都只是无理性的人群在生命的大门旁的喧闹拥挤。

6 / 我们人类意识的分裂

"我实实在在地告诉你们,时候将到,现在就是了,死人要听见神儿子的声音。听见的人就要活了。"①这个时候已经来到了。人无论多么想使自己相信,或是别人无论多么想使他相信:生命只在死后才可能是幸福的和合理的,或是个体的生命可能是幸福的和合理的——人都不能相信这些话。人在自己心灵的深处有一种不可磨灭的需求,即要使自己的生命幸福和有合理的意义,但除了死后的生活和不可能获得的个体幸福以外,摆在人们面前的生命却没有任何别的目的,它只是恶和毫无意义。

人对自己说,活着是为了来世吗?如果我知道的那种唯一生命样式,亦即我现在的生命,是没有

---

① 见《新约·约翰福音》5:25。——译者

意义的，那么这不仅不能使我相信另一种合理的生命可能存在，反而使我相信生命就其本质来说就是没有意义的，除了没有意义的生命以外，没有任何别样的生命。

活着是为了自己吗？但要知道我个人的生命是恶，是没有意义的。活着是为了自己的家庭吗？为了自己的团体吗？甚至是为了祖国和人类吗？但是如果我个人的生命是苦难的和没有意义的，那么所有其他个体的生命也是没有意义的，因而无数没有意义、无理性的个体聚合在一起也不能形成一种幸福的、合理的生活，就这样活着，做别人都在做的事，不用知道为什么要这样？但须知我知道别人也同我一样，根本不知道为什么要做大家都在做的事啊！

理性意识的发展正在超过错误的学说，人在生命的途中停下来要求得到解释的时刻正在来到。①

只有那种罕见的、不与以其他方式生活的人交往的人，只有为了维持自己肉体的生存总是忙于同大自然进行紧张斗争的人才会相信，完成那些他称之为自己的责任的没有意义的事情，会是他的生命赋予他的责任。

为了给自己的来世做准备而否定——在口头上——现世的生活，把个体的动物性的生存看成是生命，或是把所谓责任看成是生命的事业，这些都是欺骗，多数人明白欺骗的时刻正在到来，或者已经到来，而只有那些被困苦生活压倒的

---

① 参见本书书末附录三。

人和因为淫荡生活而变得迟钝的人才能生存下去，感觉不到自己的生存毫无意义和充满痛苦。

人们越来越朝着理性意识的方向觉醒，不断地从死亡中复活，人的生活的基本矛盾——尽管人们总是竭力对自己掩盖它——便以可怕的力量清晰地呈现在大多数人的面前。

觉醒了的人对自己说："我的全部生活就是希望自己幸福，但我的理智告诉我，这种幸福对我来说是不可能有的。无论我做什么，无论我得到什么，结果全是一样：痛苦、死亡和毁灭。我想要幸福，我想要理性，但我身上以及我周围的一切都是罪恶、死亡和荒谬。怎么办？如何生活？该做什么？"没有答案。

人环顾四周，寻找这些问题的答案，但却找不到。他在周围找到一些学说，它们回答了一些他并未向自己提出的问题，而他向自己提出的问题，在他周围的世界上却找不到答案。有的只是忙忙碌碌的人群，他们做着别人都在做的事情，并不知道为什么要做，别人也不知道为什么要做。

所有的人都活着，仿佛根本没有意识到自己的处境多么不幸，自己的活动多么荒谬。醒悟过来的人对自己说："要么是他们疯了，要么是我疯了。但不可能大家都疯了，大概是我疯了。但是不对啊，那个对我说出这一切的理性的我不可能是疯子。即使那个理性的我孤独地与全世界相对立，我也不能不相信他。"

于是人意识到自己在整个世界上是孤独的，还有那么多撕裂他心灵的问题。可是还得活下去。

一个我,即个体本身,命令他活下去。

而另一个我,即他的理性,说:"不能活下去。"

人感到他分裂成两半了。这种分裂痛苦地折磨着他的心。

他觉得引起这种分裂和痛苦的原因是他的理性。

理性是人的生命不可缺少的最高能力,赤身裸体、孤苦无援的人处在要摧毁他的自然力量中间,是理性给了他生存的手段和享乐的手段,正是这种能力毒害了他的生命。

在整个周围的世界上,在生物中间,各种生物所保有的能力都是它们所需要的,也为它们所共有,并且影响着它们的幸福。植物、昆虫、动物,都服从于自己的法则,过着怡然自在、快乐平静的生活。突然,人的天性的最高特征在他的身上引起了那种极度的痛苦,结果经常——最近越来越经常——发生人砍断自己生命的死结的事,人自杀,只是为了从在当代紧张到极点的、使人痛苦的内心矛盾中解脱出来,而这种矛盾是由理性意识造成的。

7 / 意识的分裂是由于把动物的生命与人的生命相混淆而产生的

人觉得他身上觉醒了的理性意识撕扯着他的生命，使他的生命停顿下来，因为他意识到他过去和现在所过的生活不是，也不可能是真正的生活。

人在当代的错误学说的教育下长大成人，他坚信他的生命不是什么别的东西，就是从他诞生那天开始的他的个体的生存，当他是个婴儿和孩子的时候，他觉得他活着；后来，他觉得他不停地生活着，成了青年人和壮年人。他觉得，他已经活了很久，一直不停地生活着，但突然，他活到了某个时候，这时他清楚明确地意识到，他不能再像过去那样活下去了，他的生命停顿了，被撕裂了。

错误的学说曾使他坚信，他的生命就是从生到死的这一段时间。看到动物的外表的生命，他就把外表的生命与自己的意识混淆起来，完全相信这种看得见的外表的生命就是他的生命。

但他的理性意识觉醒了,提出了动物性的生命所不能满足的要求,理性意识向他指出他的生命概念的错误。但深深印入他心中的错误学说阻碍他承认自己的错误:他不肯放弃生命就是肉体生存的概念,他觉得,由于理性意识的觉醒,他的生命停顿了。但他称之为生命的、他觉得停顿了的那个东西其实从来也没存在过。他称之为生命的那个东西,从他出生开始的他的存在,其实从来也不是他的生命。关于从出生到现在,他一直在生活的概念,其实是意识对他的一种欺骗,就像梦境是意识对人的一种欺骗一样。到苏醒的时候梦境就不存在了,它们全部在苏醒的那一瞬间消失了。到理性意识觉醒的时候,任何生活也都不存在了,关于过去的生活的概念都由于理性意识的觉醒而消失了。

人在幼儿时期像动物一样活着,对生命一点也不了解。一个活了十个月的孩子,对于自己,对于生命还一点也不了解,他对生命的了解不比死在母亲肚子里的胎儿更多。除了婴儿以外,无知的成年人,真正的白痴也不能了解在他们活着的同时,其他的生物也活着。因为他们没有人的生命。

人的生命只从理性意识出现的时候才开始,这种理性意识既发现了人自己的生命(包括过去的和现在的),也同时发现了别的个体的生命,还发现了由于这些个体之间的关系而必然产生的一切:痛苦和死亡,这种理性意识的觉醒导致了对个体生命幸福的否定,产生了痛苦的内心矛盾,使人觉得生命仿佛停顿了。

人想用时间来给自己的生命下定义，就像他给自己身外他看得见的东西下定义一样，忽然，在他的身上，并不是与他的肉体同时诞生的生命觉醒了，他不想相信那不能用时间来定义的东西可能是生命。但他无论怎样设法寻找一个时刻，想以它来作为自己的理性生命的开端，却一直都找不到。①

在自己的记忆中他从来没有找到过，可以作为理性意识开端的时刻。他错误地觉得他身上一直有理性的意识。如果他找到了某种类似于理性意识开端的时刻，那无论如何不是自己肉体诞生的时候，而是在与自己的肉体诞生毫不相干的范围里找到的。他意识到自己的理性的产生，也完全不像他所想的他的肉体的诞生。人在探究自己理性意识的产生时，从来也不觉得他作为一个理性的生命体，是自己父母亲的儿子，是诞生在某一年的自己的祖父祖母的孙子，而却意识到自己是由那些千百年前生活在世界另一头的理性的人——这些人在时间和空间上对他都是非常陌生的——的意识融合起

---

① 听见人们讨论生命的产生和发展，以及按照一般的时间尺度来讨论生命，这是最常平的了。这样讨论着的人们，觉得自己站在一块最坚实的土壤上，其实，按照时间尺度来讨论生命的发展是最不实际的。这种理论就像是一个人在做这样的事：他要测量一根线，他不是从自己所站立的、他已知的那一点开始测量，而是在这根无限长的线上选取了几个他想象中的点，这些点与他之间的距离既不相同，也不确定，他就从这些点开始测量它们与自己的距离。那些讨论人的生命的产生和发展的人所做的就不是这样的事吗？实际上，在人的生命发展这根无限长的线上的哪一处，选择怎样的一个任意的点，可以开始建立一个空想的生命发展史呢？从孩子的出生算起，从受孕算起，还是从他的父母亲算起呢？或者上溯得更远些，从原始的动物，从原生质，从太阳最初的碎片算起？所有这些理论都是最任意的幻想，都是没有尺度的测量。

来的。在理性意识中，人甚至一点也看不出自己的来源，而只意识到自己与其他的理性意识有一种超越时空的融合，觉得我中有他，他中有我。人身上这种觉醒了的理性意识使那个类似生命的东西停顿了，而陷入迷误中的人们曾把它当作生命本身：陷入迷误的人们觉得他们的生命就是在生命觉醒的时刻停顿的。

8 / 分裂和矛盾是没有的，它只存在于错误的学说之中

只有关于人的生命的错误学说——认为人的生命就是从生到死的肉体的存在，许多人一直受这种错误学说的教育并以其为支撑——才会引起痛苦的分裂感，人们在自己身上的理性意识觉醒的时候就产生了这种感觉。

以前陷入迷误的人现在觉得他的生命分裂了。

人知道，他的生命只有一个，而现在他感觉到有两个。一个人的两根手指摆动着，手指中间有一个球，他知道球只有一个，但他感觉到有两个。习惯于错误的生命概念的人身上就产生了类似这样的情况。

人的理性被引向了错误的方向。别人教导他只把个人肉体的存在看成是生命，而这种存在其实不可能是生命。

带着这种错误的、他想象出的生命的概念，他看生命，看到有两个生命，一个是他想象出的生命，另一个是真实的生命。

于是他觉得，理性意识否认个体存在的幸福，而要求另一种幸福，这是病态的和不自然的。

但作为一个理性的人，否认个体生命的幸福的可能性是个体生命的存在环境，以及与个体生命联系在一起的理性意识的属性所造成的不可避免的结果。否认个体生命的幸福对于一个理性的人来说是他的生命的自然属性；就像用翅膀飞而不是用腿跑是鸟的自然属性一样。如果一只羽毛尚未长全的雏鸟用脚跑，这并不能证明它是天生不能飞的。如果我们看到许多理性意识尚未觉醒的人认为自己的生命就是为了个体的幸福，这并不证明人是天生不能依靠理性的生命来生活的。人的自然的固有理性生命的觉醒在我们当代之所以引起那种病态的紧张，只是因为世界上的错误学说竭力使人们相信，生命的幻影就是生命的本身，而真正的生命的出现却会破坏生活。

在我们当代，面对真正的生命的人的身上所发生的情况，就类似于一个原本不了解女人天性的姑娘，当她感觉到性成熟了，她就应该接受将来她要去过家庭生活、要去尽母亲的责任和感受做母亲的快乐这样一种事实，而不能病态地、不自然地拒绝这种事实，否则就会导致她走向绝望。

我们当代人在人的真正生命觉醒的最初征兆出现时就感觉到这种绝望。

人的理性意识觉醒了，但同时他也明白了自己个体的生命处在这样一种痛苦的状态中：就像一个动物，它认识到自己的生命是一种物质的运动，但又认不清自己个体的法则，而只看到自己的生命服从于物质的法则，并且那些法则的形成并不依靠它的努力。这样的动物就感受到痛苦的内心矛盾和分裂。它服从于物质的某些法则，看到自己的生活最好是躺下，喘喘气，但个体却要求它做另外的事：要养活自己，要繁殖后代，这时它就感到了分裂和矛盾。它想："生活，最好是服从重力的法则，也就是不要运动，要躺下，顺从正在体内发生的化学变化，但我却必须活动，我要养活自己，还要去找配偶。"

那个动物会感到痛苦，它会在这种状态中看到痛苦的矛盾和分裂。一个把自己生命的低级法则，即肉体生命的法则看成是自己生命法则的人也会感到同样的痛苦。生命的最高法则，即理性意识的法则要求于他的是另外一种东西。整个周围的生活环境和错误的学说使他处于不能分清真伪的状态中，他感到矛盾和内心的分裂。

一个动物要想不再痛苦，它就必须不把低级的物质法则，而把自己个体的法则看成是自己的法则，努力去执行它，用物质的法则来满足自己个体的目的，同样，人也必须不使自己的生命服从于个体的低级的法则，而使它服从于高级的法则，其中包括由他的理性意识所揭示的最高法则,那时矛盾就消失了,个体将自愿地服从于理性意识,并为它服务。

9 / 人的真正生命的诞生

长时间地仔细观察人的生命的显现，我们会看到，真正的生命始终隐藏在人的内部，就像生命隐藏在种子内部一样，一旦时机成熟，这生命就显露出来。真正生命的显露就在于动物性引导人追求个体的幸福，而理性意识则对人指出个体幸福的不可能，向人揭示另一种幸福。人朝着理性意识对他揭示的幸福远远地看了一眼，却看不见它，起先他不相信这种幸福，又转回去追求个体的幸福。然而，理性意识揭示的幸福虽然那么模糊，但它使人信服地、明确无疑地指出了个体幸福的不可能，于是，人又放弃了个体的幸福，又去注视理性意识向他揭示的那个新的幸福。理性意识揭示的幸福看不见，而个体的幸福已经毫无疑问地毁灭了，因而个体的生存无法继续，于是在人的身上形成了一种新的动物性对理性的关系。人开始新生，朝着真正的人的生命的方向。

某种类似于物质世界中所有生命诞生时的情况发生了。胎儿出生了，不是因为他想出生，不是因为出生对他更好些，也不是因为他知道出生更好，而是因为他成熟了，他不可能继续原来的生存状态。他必须投入新的生活，与其说是新的生活在召唤他，不如说是像原先那样生存的可能性已经被毁灭了。

理性意识在人的身上不知不觉地增长，一直增长到个体的生命不可能继续下去的时候。

于是发生了与种子萌芽的时候完全一样的情况。种子消失了，原先的生命形态消失了，新的幼芽出现了。分解中的种子的原先形态似乎在进行抗争，幼芽在不断长大，即从分解中的种子汲取营养。对我们来说，理性意识的诞生与我们看得见的肉体的诞生的不同之处在于，我们能够在肉体的诞生过程中在时间和空间上看到，从胚胎中产生了什么，是怎样产生和什么时候产生的。我们知道种子就是果实，知道在一定的条件下从种子里会长出植物来，这植物会开花，还会结出与种子一样的果实——生命的一个完整的循环过程在我们的眼前完成了——而理性意识的成长我们却不能从时间上看到，不能看到它的演化过程。我们不能看到理性意识的成长和演化过程是因为我们自己在完成它：我们的生命不是什么别的东西，就是我们看不见的那个东西的诞生，它就在我们身上诞生出来，所以我们无论如何也看不见它。

我们看不到这个新的东西的诞生，看不到理性意识对动物性的新的关系，正如种子看不到自己的幼苗生长一样。当理性意识脱离它的隐蔽状态对我们自己显现出来的时候，我们就觉得，我们遇到了矛盾。其实并不存在什么矛盾，就像正在发芽成长的种子里没有矛盾一样。我们从种子的发芽成长的过程中看到，以前被包裹在种子外壳里的生命，现在已经存在于它的幼芽里了。在理性意识正在觉醒的人身上也没有任何矛盾，有的只是一个新人的诞生，理性意识对动物性的新的关系的诞生。

如果一个人活着却不知道别人也活着，不知道享乐并不能使他获得满足，那么他会死亡——他甚至不知道他活着，在他的身上没有矛盾。

如果一个看到别人也同他一样，受到痛苦的威胁，他的生存就是一种慢性的死亡；如果他的理性意识开始瓦解他的个体的生存，他已经不能把自己的生命安放在这个正在瓦解的个体中了，他就不可避免地要把生命放在那个正向他揭示的新生命中。这样也没有矛盾，就像已经分解并长出了幼芽的种子里没有矛盾一样。

10 / 理性就是被人领悟了的法则，人的生命应当遵循这一法则

只有当动物性的人的幸福被否定时，表现在人的理性意识对人的动物性的态度之中的人真正的生命才会开始。当理性意识觉醒的时候，对动物性的人的幸福的否定就开始了。

但什么是理性意识呢？《约翰福音》开头说"太初有道"——道，即逻各斯（logos），即理性和明智——万物是由它而造的。同样，理性能确定其他的一切，却不被任何其他的东西所确定。

不可能给理性下一个定义，而且也没有必要给它下定义，因为我们大家不仅知道它，而且也只知道一个理性。在相互交往中我们早已——比相信任何其他东西更甚地——相信，这个共同的理性是我们大家都必需的。我们坚信，理性是能把我们所有活着的人团结成一个整体的唯一基础。我们首先知

道了理性，然后，我们之所以认识世界上的一切，只是因为被我们所认识的事物与我们确切无疑地了解的那个理性的法则相符合。我们知道，并且不可能不知道理性。不可能不知道的原因是我们都是有理性的生物，是人，理性是我们生活中必定要遵循的法则。理性是人的生命所遵循的法则，正如动物遵循它们的法则觅食和繁殖，草和树遵循植物的法则生长和开花，地球和其他星球遵循天体运动的法则转动。我们在自己身上认识到的法则，即我们生命的法则，就是世界上所有外部现象所遵循的法则，两者的区别仅仅在于，我们在自己身上认识到的这个法则要由我们自己去实现，而外部现象所遵循的法则，它的实现没有我们的参与。我们了解的一切，我们所看到的一切，在我们以外的天体上、动物中、植物中、整个世界上的一切，都实现着对于理性法则的服从。在外部世界中我们看到这种对理性法则的服从。在我们自己身上我们也要认识这种我们必须实行的法则。

通常对生命的错误认识在于，把不是由我们实现，而是被我们所看到的我们的肉体对自身法则的服从，错误地以为是人的生命。其实，与我们的理性意识有联系的我们肉体的法则，对我们来说是无意识地在我们的肉体中实现着，就像这些法则在树木中、在晶体中、在天体上实现时，我们丝毫不能左右它一样。但是，我们的生命的法则，即我们的肉体对理性的服从，是我们在任何地方都没有看到过，也不可能看到的法则，因为它还没有实现过，但它正在我们的生活中由我们在实现着。我们的生命就在于实现这一法则，使自己的动物性服从于理性，以便获得幸福。不懂得生命和我们的幸福就在于使自己的动物性服从理性，把自己肉体的生存和个体的幸福当作我们整个的生命，拒绝承担生命赋予我们的工作，我们就会使自己失去真正的幸福和真正的生命，而在原本应该是真正的生命所在的地方，代之以动物性的生存活动，而这种动物性生存活动是不依赖我们就能实现的，所以它不可能是我们的生命。

11 / 知识的错误方向

把我们看得见的、在我们的肉体中实现的法则当作我们生命的法则是一种迷误,一个年深日久的迷误,许多人过去和现在都陷在这个迷误中。这个迷误对人们掩盖了他们的知识的主要目的,使人们看不到为了实现生命的幸福必须使动物性服从于理性,却在那儿研究与生命的幸福无关的人的存在。

错误的知识不去研究为了实现幸福,人的动物性所必须服从的法则(只有认识了这个法则,才能在它的基础上研究世界上其余的现象),却把自己的力气花在研究动物性的人的幸福和生存方面,而这与知识的主要目的——使人的动物性服从于理性的法则,从而实现真正的生命的幸福——毫无关系。

错误的知识无视知识的这一主要目的,把自己的力气花在研究过去和现在的人的动物性的生存上,花在研究作为一种动物的人的生存条件上。它觉得，通过这种研究能够找到人的生命幸福的指南。

错误的知识这样说：人类从过去一直生存到今天，让我们来瞧瞧，他们是怎样生存的，他们的生存在时间和空间方面发生了怎样的变化，这些变化朝着什么方向。从人类生存的这些历史变化中我们可以找到他们生命的法则。

那些所谓学者们无视知识的主要目的——研究人为了自己的幸福所应该服从的理性的法则，然而看看他们自己所说的他们的研究目的吧，显然是徒劳的。实际上，如果人的生存只依据肉体存在的普遍法则而变化，那么，研究这些法则就完全是徒劳无益的。无论你知道还是不知道这种变化的法则，这种法则都在实现着，就像鼹鼠和海狸在自己的生存条件下，它们生活的变化也依据这种法则在实现着。如果人有可能认识他的生命所应当服从的理性的法则，那么，除了在他自己的理性意识中，他不可能在任何其他地方获得对这种法则的认识。因此，人们无论怎样研究人作为一种动物是怎样生存的，他们永远也不可能真正了解人的生存；人们无论怎样研究人的肉体存在，他们都不可能认识为了获得生命的幸福，人的肉体存在所应当遵循的法则。

这是有些人依据所谓历史学和政治学，所提出的一种类型的关于生命的空洞理论。我们当代还有一种传播得特别广的理论，根据这种理论，知识的唯一目的就完全消失了。这种理论是这样的，他们说：把人作为对象进行仔细观察，我们会看到，人也像所有的动物一样觅食、生长、繁殖、衰老和死亡。但有一些现象，譬如心理，妨碍了观察的准确性，它们太复杂，因此，为了更好地理解人，我们将首先观察人的生命中那些比较简单的现象，即我们在没有心理活动的动物和植物身上所看到的那些现象。为此，我们将广泛地观察动物和植物的生命。仔细观察动物和植物的生命，我们会看到，在它们身上所表现出的是一种更普遍、更简单的物质的法则。因为动物的法则比人的生命的法则简单，植物的法则又比动物的简单，物质的法则就更简单，而研究应该建立在最简单的东西上，即建立在物质的法则上。我们看到，在植物和动物身上发生的一切，也同样发生在人的身上，因此，我们可以得出结论，人的身上所发生的一切，我们都可以用最简单的、我们能看得见的、根据我们的经验属于无生命的物质中所发生的一切来解释。更进一步说，人的活动的所有特点都与物质中运动的力有着固定的联系。组成人的身体的物质的任何变化，都会改变或破坏人的活动。因此，他们得出结论说，物质的法则就是人的活动的原因。这样的意见并不使他们窘困：即认为在人的身上有某种东西是我们在动物、植物和无生物身上看不到的，这种东西是知识的唯一目的，没有这样的目的，任何知识都是徒劳无益的。

他们没有想到，如果人的身体中物质的变化破坏了人的活动，那只是证明了物质的变化是破坏人的活动的原因之一，而无论如何不能证明物质的运动是人的活动的原因。同样，植物的根能破坏土壤只能证明植物对土壤可能有害，而不能证明植物只是土壤的产物。他们研究了人的身上所发生的那些与在动物、植物和无生物身上所发生的现象相同的现象，他们就认为，弄清楚与人的生命相伴随的那些现象的规律，就能弄清楚生命本身。

为了理解人的生命，即为了人的幸福，他的肉体必须服从的那个法则，人们或是仔细观察了人的生命的历史性存在，或是仔细观察了人仅仅看到，但没有意识到的动植物和物质对各种法则的服从，就是说，人们做了这样的事：为了找到他们需要研究的那个未知目标，他们研究了他们所不了解的对象的状态。

最公正的看法是：有关我们能看见的、在历史上人的生存现象的知识可能对我们是有益的；研究人以及其他动物的动物性法则对我们是有益的；研究物质所服从的那些法则也是有益的。研究所有这些东西对人都是重要的，这些研究就像镜子一样，给人指出了他的生命所必需的那些东西。但很明显，关于我们所看得见的那些正在实行的法则的知识，无论多么丰富也不能使我们得到那种主要的知识，即关于（为了我们的幸福）我们的动物性所必须服从的法则的知识。只有当我们认识了我们的动物性所必须服从的理性法则，而不是这种法则还完全没有被认识的时候，关于那些正在实行着的法则的知识对我们才是有益的。

一棵树无论多么出色地研究了——如果它能够进行研究

的话——发生在它身上的化学和物理现象，这些观察和知识无论如何也不能使它知道，汲取营养和把营养分配给枝干、树叶、花朵和果实的必要性。

人也是这样，无论他多么了解支配着他的肉体的法则，亦即支配着物质的法则，这些法则一点也不能指导他如何处理手上的一块面包：是给妻子，给陌生人，给狗，不是自己吃掉，是抓紧这块面包还是把它施舍给别人。而如何解决类似这样的问题却正是人的生命之所在。

研究支配着动物、植物和物质存在的法则，对于弄清楚人的生命的法则不仅是有益的，而且是必要的，但只有当这种研究把弄清理性的法则（这是人类知识的主要目标）作为自己的目的时才是这样。

根据推测就说人的生命只是他的肉体的生存，理性意识所指出的幸福是不可能的，理性的法则只是一种幻影等等，这样的研究不仅是空洞的，而且是极其有害的，它对人掩盖了知识的唯一目的，使人陷入迷误，使人以为研究了对象的影子就能认识对象本身。这样的研究就像是一个人做了这样的事：他认真地研究了一个活的东西的影子的所有运动和变化，就认为这个活的东西运动的原因就在于它影子的运动和变化。

12 / 错误的知识产生的原因是把对象放在错误的背景上

真正的知识就像孔子所说的：知之为知之，不知为不知，是知也①。错误的知识就在于把不知道的当作知道的，把知道的当作不知道的。没有比这句话更能准确定义统治着我们这个世界的错误知识的了。当代的错误知识认为，我们知道那些我们不可能知道的东西，而我们又不知道只有我们才知道的东西。抱有错误知识的人觉得他知道世间出现的一切，但又觉得他不知道他理性意识所知道的东西。

这样的人觉得，对他来说，一般的幸福和他的幸福是最不可认识的对象，即他的理性。他的理性意识是几乎不可认识的对象；对他来说，作为一个动物的他是比较容易认识的对象；动物和植物是更

---

① 见《论语·为政篇》。——译者

容易认识的对象；最容易认识的，是没有生命的无数普通的物质。

在人的视觉中也有类似的情况。人总是下意识地把自己的视线尽量投向最远的、因而在他看来也是颜色和轮廓最简单的东西：天空、地平线、田野、森林。这些对象离他越远，它们就越明确越简单；相反，离得越近的东西，它的颜色和轮廓就越复杂。

如果有一个人，他不善于确定对象的距离，他也不仔细看，就把对象放在某个背景上，而他认为对象的颜色和轮廓比较简单和明确的，就是可以看得见的，那么，对这个人来说，最简单、因而最看得见的就是无边无际的天空，其次是地平线，它的轮廓已经比较复杂，再次是颜色和轮廓更复杂的屋子和树，然后是在眼前挥动着的自己的手，对他来说最看不见的是光线。

抱着错误知识的人难道不是这样吗？他无疑知道的东西，即他的理性，在他看来是不可知的，因为它不简单；而那些对他来说不可企及的，即无限的、永恒的东西，他却觉得最了解，因为它们离他的距离远，在他看来就简单。

要知道这完全弄反了。每个人首先和确定无疑能知道的，是他所追求的幸福；其次，他同样无疑地知道的是对他指出这种幸福的理性；再次，他知道服从于这种理性的他的动物性；最后才是他能看见，但却不了解的世界上的所有其他现象。

抱有错误的生命概念的人觉得,在时间和空间上越确定的东西,他就越了解;实际上,我们真正了解的却是在时间和空间上都不确定的东西——幸福和理性的法则。对于外部的事物,我们的意识越少参与对它们的认识,我们对它们的了解也就越少,所以,事物只是根据它自己在空间和时间中的位置而被确定的。在空间和时间上越独特的事物,人对它的了解就越少。

认识了人的自身,认识了人的动物性,才真正认识了人。人认识自己身上这种力求获得幸福,但又服从理性法则的动物性,与认识其自身以外的任何东西都是不同的。由于这种动物性,他确确实实地了解自己。他了解自己不是因为他是处在某一空间和时间中的某个东西(恰恰相反,人永远也不可能认识自己是空间和时间中的某种现象),而是因为他是为了自己的幸福应当服从于理性法则的某种东西。他在这种动物性中认识了自己,认识到自己是与时间和空间没有关系的东西。当他问自己在空间和时间上处于什么位置时,他首先感到的是,他处在往前和往后都是无限的时间长河的中央,他处在一个无边无际的巨大的球的中央。这个与时间和空间都没有关系的自我,人是确确实实地认识的,他的确实可靠的认识到此为止,即人了解这个自我。所有在这个自我以外的东西他都不了解,也不可能仅仅凭外部的相对的形态来观察和确定它们。

暂时不把自我——这个自我是一个力求获得幸福的自我,

一个超越时间和空间的东西——看成理性的中心,人就能暂时有条件地认为,他是出现在时间和空间中的可以看得见的世界的一部分。把自己放在时间和空间中与其他事物联系在一起仔细地观察,再把对自己的真正的内在认识与对自己外表的观察结合起来,把自己作为一个与其他人一样的一般人,人就能得到一个关于自己的概念。根据这种对自己的相对认识,人就能获得对其他人的概念,但还不了解他们。

人不可能真正认识其他人的原因在于,其他的人不止一个,而是有几百个、几千个,他知道,现在和将来都有许多人,他从来也没有见过。

除了人类以外,人还在世界上看见与人不同、彼此之间也不相同的各种动物。如果他对于人还不了解,那他对于这些动物就更不了解了。即使他对人有所了解,并运用他的理性意识去观察和认识动物,获得了对动物的某些了解,但这种了解与他对人的了解还是很不同的。他看到动物的数量巨大,而且各不相同,很显然,动物的数量越多,他认识它们的可能性就越小。

他还看到植物,植物在世界上分布的范围就更广了。他更不可能去认识它们。

除了动物和植物以外,人看到在这世界上还有无数的无生物,他很少或根本不能区别它们的形态。他对这些无生物的了解就更少。有关这些无生物的形态的知识对他来说是没有任何区别的,他不了解它们,他只能想象它们,而且,他觉得世界上这样的无生物是无限的。

13 / 事物的可知性增加了，不是由于事物在时间和空间上显现出来，而是由于支配我们和我们所研究的事物的法则是统一的

有什么比下面这些话更好理解的？狗病了；牛犊与我亲昵——表示它喜欢我；鸟儿快乐，马害怕了，善良的人，凶恶的动物。所有这些最重要的和最好懂的话都是不能用时间和空间来定义的。与此相反，一种现象，它所必须服从的规律我们越不了解，这种现象就越能用时间和空间来精确地定义。有谁说他能懂得地球、月亮和太阳据以运行的万有引力定律？但日食却能在时间和空间上被精确地测定。

我们充分了解的只有我们的生命，我们对幸福的渴求和向我们指出这种幸福的理性。从可靠性这个角度来衡量，我们第二个了解的是我们的动物性，它渴求幸福，并服从于理性的法则。我们对我们的动物性的了解已经包含着一些看得见、摸得着，但

我们的知识却达不到的时空条件。从可靠性这个角度来衡量，我们比较了解的是那些与我们有共同点的动物，我们在它们身上看出与我们同样的对幸福的渴求和理性意识。这些个体的生命与我们的生命——这生命渴求幸福并服从于理性的法则——的法则接近的程度，与我们对它们的了解成正比。这些个体的生命在时空条件下的显现，与我们对它的了解成反比。因此，我们最了解的是人。从可靠性的角度来衡量，我们其次了解的是动物，在动物身上我们能看到与我们对幸福的渴求类似的属性，但却只能勉强辨认出与我们的理性意识类似的属性，与它们已经不可能凭理性意识进行交往。排在动物后面的是植物，在植物身上我们已经很难辨认出与我们对幸福的渴求相类似的属性。无生物对我们来说主要只是一些时间和空间现象，因此我们对它们的了解就更少。

我们了解那些动物和植物，只是因为我们在它们身上看到与我们的动物性类似的属性，它们也渴求幸福，并服从于在它们身上表现出来的、在一定时空条件下的它们的理性法则。

我们了解得最少的是那无数的无生物。在它们身上我们看不到与我们相类似的属性，完全看不到对幸福的渴求，而只能看到它们所服从的理性法则在一定时空条件下的表现。

我们对世界上事物的认识的可靠性并不取决于观察，恰恰相反，我们对世界上的事物的表现观察得越多，对它们的理解就越少。

我们对世界的了解来源于我们对幸福的渴求,来源于我们对实现这种幸福的需要,来源于我们的动物性服从理性的需要。如果我们了解动物的生命,那只是因为我们在动物身上看到对幸福的渴求,看到服从于理性法则的需要,这种理性的法则在动物身上就表现为有机体的法则。

如果我们对无生物也有所了解,那只是因为尽管我们对它们的幸福不了解,但我们仍然能在它们身上看到类似在我们身上发生的现象——服从支配着它们的理性法则的需要。

说到底,我们对其他事物的认识都是把我们对自己生命的认识——生命是对幸福的渴求,并以服从理性法则作为达到这一目标的手段——转移到其他事物上去。

我们不可能根据支配着动物的法则来认识我们自己,我们只能根据我们在自己身上所认识到的法则来了解动物。我们更不可能根据那些也适用于物质现象的我们生命的法则来认识我们自己。

人了解外部世界的事物,只是因为他了解自己,他在自己身上发现对待世界的三种不同关系:第一种关系是理性意识;第二种关系是自己的动物性;第三种关系是组成他的肉体的物质属性。他知道自己身上有这三种不同的关系,因此他看世界上的一切,总是在大的背景上区分出三种彼此独立的类别:一是有理性的人;二是动物和植物;三是无生物。

人在世界上总是看到这三种类别的东西,因此他就把对这三种类别的东西的认识应用在他自己身上。他这样认识自己：第一是支配着动物性的理性意识；第二是服从于理性意识的动物性；第三是服从于动物性的物质。

不是像有些人所认为的那样，我们是因为认识了物质的法则才进而认识了有机体的法则，因为认识了有机体的法则才进而认识了具有理性意识的我们自身，不，事情恰恰相反，首先是我们能够和需要认识自身，即认识那个为了我们的幸福，我们的个体所必须服从的理性法则，然后才谈得上我们能够和需要认识自己的动物性法则，以及与我们相类似的个体——动物和植物——的法则，再以后才是与我们距离更远的物质的法则。

我们必须知道我们只认识自己。动物的世界对我们来说已经只是我们对自己的认识的一种影子。物质的世界更是影子的影子了。

我们常常觉得我们很清楚物质的法则，那只是因为对我们来说，它们的面貌是相同的。它们之所以在我们看来面貌相同，是因为它们离我们意识到的我们生命的法则特别远。

有机体法则在我们看来比我们生命的法则简单也是因为它们离我们比较远。但我们只能观察到有机体的法则，却不能像我们认识我们必须执行的理性法则那样去认识它们。

不管是动植物的存在还是物质的存在，我们都不了解，我们只是观察到它们在我们以外的存在而已。我们确实无疑了解的只有我们自己的理性意识，因为它对我们的幸福是必需的，因为我们依靠这种意识生活。我们看不见它是因为我们还没站到能够看到它的那个高度上。

如果存在一种更高等的生物，它能支配我们的理性意识，就像我们的理性意识能支配我们的肉体、动物（有机体）能支配物质一样，这些高等的生物就一定能看见我们的理性生命，就像我们能看见动物的存在和物质的存在一样。

人的生命与他自身中的两种类型的存在是分不开的：动植物性的（有机体的）存在和物质的存在。

人自己创造自己真正的生命，并度过自己的一生。但人却不能参与和他的生命有联系的那两种类型的存在。他的肉体和组成这肉体的物质是独立存在着的。

这两种类型的存在对人来说就像是包含在他生命中的前世的生命，就像是对前世生命的回忆。

在人的真正生命中，这两种类型的存在对人来说就像是他工作用的工具和材料，但不是工作本身。

人研究自己的工作所用的工具和材料对他是有益的。他越了解它们，就能工作得越好。研究这些他生命中存在的各种形态：自己的动物性和组成他肉体的物质的属性，就像用一面镜子对人清楚地展示了各种存在的共同法则——服从理性，并且使他更确信自己的动物性服从理性法则的必要性，但人不能也不应该把自己的工作与工作所用的工具和材料混淆起来。

人无论怎样研究他自己和别人身上那种看得见、摸得着、不依赖他的努力而在运动着的生命，这生命对他却永远是个谜。依靠观察，他永远也不能把握这个他意识不到的生命，要想通过观察这个神秘的、总是隐藏在无限的时间和空间中的生命，他无论如何也不能阐明他在自己的意识中发现的自己真正的生命——为了实现自己的个性和自己所了解的幸福，与其他人的不同的、他自己十分了解的动物性，必须服从于同样也是他十分了解的理性法则。

14 / 人的真正生命不是那种在时间和空间中产生的东西

人知道自己的生命就是渴求幸福,这幸福是只要使自己的动物性服从于理性法则就可以达到的。

他不了解也不可能了解别人的生命。即使是一只动物,也只有在组成它肉体的物质不仅服从于物质本身的法则,同时也服从更高的有机体法则的时候,人才认为它是有生命的。

"某种有机体的高级法则支配着物质的聚合,我们认为生命就是这种物质的聚合。"不,这种支配没有开始也没有结束,也不只是把一种物质与所有其他的物质区分开来,在这种支配中起作用的是机械的、化学的和物理的法则,我们不能把这种支配看成是动物的生命。

这就正如只有当我们的动物性不仅服从于有机体的法则,还服从于更高的理性意识的法则时,我们才把我们自己以及类似于我们的人看成是有生命的。

如果没有这种个体对理性法则的服从，如果在人的身上只有个体的法则——这法则支配着组成它的物质——在活动，我们就不能了解人的生命，无论在自己还是别人的身上都看不见人的生命了，就像我们在只服从于自己的法则的物质中看不见动物的生命一样。

一个人，当他在说梦话、在发疯，或是在垂死挣扎和醉酒状态中，甚至是在热情迸发的时刻，无论他的动作多么有力和迅速，我们都不能认为他是有生命的，不能像对待一个有生命的人那样去对待他，而只能认为他的身上可能有生命。但一个人，无论他多么衰弱，乃至不能行动，只要我们看到他的动物性服从于他的理性，那我们就认为他是有生命的，我们就能像对待一个有生命的人那样去对待他。

我们只能把人的生命理解为动物性对理性的服从，不能做别的理解。

这种生命在时间和空间上显示出来，却不能用时间和空间的条件去定义它，只能用动物性对理性服从的程度来定义它。用时间和空间的条件来定义生命，就如同用物体的长度和宽度来确定它的高度。

一种既上升又平移的运动就类似于人的真正生命与人的肉体生命之间的关系，或者说类似于人的真正生命与人在时间和空间上显示出的生命之间的关系。物体的上升与它的平移并没有关系，物体的平移既不能增加也不能减少它的上升。

给人的生命下定义也是这样。真正的生命总是表现在个体身上，但又不依赖于个体的存在，无论是这个人还是那个人的存在，都不能增加或者减少真正的生命。

人的动物性所赖以存在的时空条件不能影响人的真正生命，这真正的生命使人的动物性服从于人的理性意识。

消灭或停止自己在时间和空间上的存在及运动，是超出希望活着的人的能力的。但他的真正生命——它就是通过使动物性服从理性而获得幸福——却与这些外表的时间和空间上的运动没有关系。通过对理性的服从而获得越来越多的幸福，人的真正生命就在这一过程之中。人的生命沿着时间和空间这两个外表的方向前进，但存在却只有一个。这是一种向上的运动，这是对理性的越来越多的服从，在两种力量之间形成了一定的关系，人的生命既在水平方向上完成或多或少的运动，又同时在向上运动。

时间和空间的力量是一种确定的、有限的力量，它们与生命的概念不是并列的。通过对理性的服从，渴求获得幸福的力量是一种向上的力量，它就是生命力的本身，这种力量是没有时空界限的。

人觉得他的生命停顿了、分裂了，但这种停顿和动摇只是一种意识的假象——类似于感觉的假象。真正的生命是没有也不可能停顿和动摇的：我觉得他们是在用错误的眼光看待生命。

人在上升到高于肉体生命的一定高度时才开始真正的生

命，站在这个高度上，他看到自己肉体存在的虚幻，它不可避免地将以死亡而告终，他看到他的存在在水平方向上到处都是断层和陷阱，如果不承认这种向上的运动才是真正的生命，那他站在高处看到这一切时就会感到害怕。如果他不承认这种使他向上的力量是自己真正的生命，他在沿着已经对他指示出的方向前进时，会害怕他在高处所看到的一切，于是他又故意朝下走，为了不看到他面前的悬崖，他尽可能低地躺下来。但理性的力量又使他重新爬起来朝上走，他又看到那些景象，又感到害怕，为了不看到那些景象，他又趴在地上，就这样一直继续到他终于认识到下面这一点的时候：要避免看到他正朝着生命毁灭的方向前进的可怕景象，他必须明白，他在水平方向的运动，也就是他在时间和空间上的存在，不是他的真正生命，他的真正生命是一种向上的运动，就存在于他的个体对理性法则的服从之中，就是获得幸福的可能性。他必须明白，他有一双翅膀能使他飞腾起来，脱离痛苦的深渊。如果没有这双翅膀，他永远也不可能飞腾到高空，也不可能看到那深渊。他应该相信自己的翅膀能够飞到它们想带他去的地方。

只是因为缺乏信仰，人才会在一开始产生那种似乎很奇怪的生命的动摇和停顿，以及意识分裂的现象。那些把自己的生命只看成是由时间和空间所决定的动物性存在的人，有时会觉得理性意识在自己的动物性存在中显现出来。人看到理性意识在自己身上显现出来，他问自己，理性意识在什么时候和什么条件下会显现出来？但无论他怎样研究自己的过去，他永远也找不到理性意识显现的时刻：他总是觉得，要么他从来没有理性意识，要么他一直有着理性意识。如果他觉得他有时候有理性意识，有时候没有理性意识，那只是因为他不把有理性意识的生命看成是生命。只把自己的生命看成是由时空条件决定的动物性存在的人，想用这样的尺度来衡量理性意识的觉醒和活动：他问自己，什么时候，多长时间，在什么条件下，我处在理性意识的控制之下？但只有对那些把自己的生命看成是动物性存在的人，理性意识的觉醒才存在间隙。对于认为自己的生命存在于理性意识之中的人来说，理性意识的活动是没有间隙的。

理性的生命才是生命。它是唯一的生命。一秒钟还是五千年对它没有区别，因为时间对它来说是不存在的。人的真正生命——人根据这个真正的生命来建立所有其他的生命概念——就是对幸福的渴求，实现这一渴求的途径是使自己的个体服从于理性的法则。无论是理性，还是个体服从于理性的程度，都不能用时间和空间来定义。人的真正生命是在时空以外产生的。

15 / 抛弃动物性的幸福是人的生命法则

生命是渴求幸福。对幸福的渴求就是生命。所有人的过去、现在和将来都这样来理解生命。因此，人的生命就是对人的幸福的渴求，对人的幸福的渴求就是人的生命。不善于独立思考的人就把人的幸福看成只是动物性的幸福。

错误的科学给生命下定义的时候排除了幸福的概念，把生命只看成是肉体的存在，因此只把动物性的幸福看成是生命的幸福，结果与人们的迷误不谋而合了。

这两种错误都是由于把个体的属性（科学术语称之为"个性"）与理性意识混淆了。理性意识包括个体的属性，而个体的属性却不包括理性意识。个体的属性是动物和具有动物性的人都有的，而理性意识却是只有人才有的属性。

动物可以只为了自己而生存，任何东西也不能妨碍它这样生存。它使自己的个体获得满足，下意识地为自己的种族服务，它并不知道它是一个个体。但具有理性的人则不能只为自己而生活。他之所以不能是因为他知道他是一个个体，他知道其他人也是与他一样的个体，他知道这些个体之间的关系所应该产生的一切。

如果人只是一味追求自己个体的幸福，只爱自己，只爱自己的个体，那他就不可能知道其他人也爱自己，就像动物不知道这一点一样。但如果人知道他所追求的幸福也是他周围其他人所追求的，他就不可能去追求那种他的理性意识认为不是幸福而是恶的东西了，他的生命就不可能只是追求个体的幸福了。人只会在有的时候觉得他渴求幸福也包含着满足自己的动物性需求的目的。这种错觉的产生是由于人把他所看到的、自己的肉体正在进行的行为，错当成理性意识活动的目的。就好像是发生了这样的情况：一个人在醒着的时候，受他在梦中所看到的景象的影响做出了某种事情。

如果这种错觉得到错误学说的支持，那么，人就把个体与理性意识混淆了。

但理性意识总是会向人指出，他的动物性需求的满足不可能是他的幸福，因此他的生命总会执着地把他引向真正的幸福，引向属于他的真正的生命，这真正的生命是他的肉体所容纳不下的。

人们通常都认为抛弃个人的幸福是人的功绩和美德，并且也这样说。其实抛弃个人的幸福不是功绩,也不是美德,而是人的生命不可缺少的条件。当人认识到自己是大千世界中的一个独立个体时,他也就能认识到其他人也是这大千世界中的一个独立个体,他就能认识到人与人之间的相互联系,认识到个体幸福的虚幻,认识到只有理性意识才能满足他对幸福的渴求。

对于动物来说,不以个体的幸福为自己目的的行动,以及与这种幸福直接对立的行动,就是否定自己的生命,但对人来说,却恰恰相反。人的活动如果只是为了实现个体的幸福,就是完全否定人的生命。

动物没有理性意识,它只看到它的生存充满苦难,有一天会终结,所以它的幸福,以及与此相关的它的种族的延续,就是生命的最高目的。而对人来说,个体的存在只是生存的一个阶梯,站在这个阶梯上,他的生命的真正幸福展示在他面前,但这幸福并不等同于他的个体幸福。

对于人来说,对个体的意识并不等于生命,但却是他的真正生命的起点,这生命能使他越来越多地获得与肉体的幸福无关的真正幸福。

按照通常的生命的概念,人的生命就是他的肉体从生到死之间的这一段时间。但这不是人的生命。这只是人作为一个肉体的人的存在而已。人的生命是只显现在肉体的存在中的某种现象,就像有机体的生命也只是显现在物质存在中的某种现象。

人总是首先把他看得见的个体的目的作为他的生命目的。这些目的因为看得见，所以就显得好理解。

他的理性意识向他指出的目的因为看不见，所以显得不好理解。人起初害怕放弃看得见的目的，不敢把自己交付给看不见的目的。

被世界上的错误学说毒害了的人觉得，自己和别人的动物性需求是自然而然地完成的，是看得见的，它们简单而明了；而那种新的理性意识的需求则完全相反。满足那种需求——它们不能自然而然地完成，而它们应该自然而然地完成——似乎有些复杂，而且不知该怎么去满足它们。抛弃看得见的生命的概念，去接受看不见的对生命的意识是可怕的，就像一个胎儿觉得出生是可怕的（如果他能感觉到他的出生的话），但当你清楚地知道看得见的概念将导致死亡，看不见的意识却能给你生命的时候，你该怎么办呢？

16 / 动物性是生命的手段

任何理论也不能对人掩盖这样一个明白无疑的真理，即人的个体的存在只是一个不断走向死亡和毁灭的过程，因此在人的肉体中不可能有真正的生命。

人不可能不看到，他从小到老、从生到死的过程，不是什么别的，就是肉体不断消耗和减少的过程，这过程不可避免地将以死亡而告终。因此对自己个体生命的意识——这个体还希望能不断扩张，永远不死——就不能不是一种不断的矛盾和痛苦，如果生命的唯一意义是渴求幸福的话，这意义就不能是一种恶。

无论怎么说，人的真正幸福就是义无反顾地抛弃他的动物性的幸福。

抛弃人的动物性的幸福是人的生命法则。如果这一法则不能以通过对理性意识的服从而自然地得以实现，那它就会在人面临肉体死亡的时候，在他的身上强制性地实现，那时人由于极度痛苦而只有一个希望：躲避对个体即将灭亡的痛苦意识，转向另一种生存状态。

人来到世上，人的生活就好比一匹马，主人把它从马厩里牵出来，给它套上笼头。马从马厩里走出来的时候看到了世界，感到了自由，它觉得生命就在这自由中，但主人给它套上笼头，驱赶它。它感到压在它身上的东西很重，如果它认为它的生命就在于奔向自由，它就会开始挣扎，结果是跌倒，有时还会被杀掉。但如果它不挣扎，那它只有两条出路：或者是被人骑着向前走，那它会看到，压在它身上的负担并不太重，被骑着向前走也并不太痛苦，甚至还是一种快乐；或者它一直不听话，结果主人就把它牵到石磨旁，用绳索把它与磨盘套在一起，它被蒙上眼睛拉着磨盘一圈一圈地转，它感到痛苦，但它的力气也不是白白浪费了：它做着不自由的工作，某种法则驱使着它。两者的区别仅在于，前者是快乐地工作，而后者是不自由地、痛苦地工作。

"为什么人，一个人，为了获得所谓真正的生命，就得放弃个体的幸福呢？"把动物性的生存看成生命的人会这样问。

为什么人要具有对个体（它与真正的生命的显现相对立）的意识？回答这个问题与回答下面这样的问题是类似的（如果一只渴求保持自己生命和种族的延续的动物可能提出这样的问题的话）：

"为什么为了达到自己的目的,我必须与这些物质以及它们的法则——机械的、物理的、化学的等等——进行斗争?""如果我的使命就是使我的肉体得以生存,那么为什么我必须克服所有这些障碍?"

我们很清楚,动物与各种物质以及它们的法则斗争,为了自己的生存,动物服从于这些法则,对动物来说,这些法则并不是它们的障碍,而是它们实现自己目的的手段。动物就是依靠利用物质和它们的法则来生存的。人的生活也是这样。人的使命就是使自己身上的动物性服从理性意识,这种动物性对人来说不是障碍,而是他达到自己的幸福目标的手段:动物性对人来说就是他工作的工具。动物性对人来说就像是一把铁锹,理性意识用它来挖土,挖了又挖,挖钝了就把它磨一磨,是使用它,而不是把它洗干净保存起来。铁锹具有挖土的能力,是为了用,而不是为了把它保存起来。"凡要救自己生命的,必丧掉生命。凡为我丧掉生命的,必得到生命。"

这段话告诉我们,不能想着保存生命,而应该牺牲,不断地牺牲,只有抛弃那些应该牺牲的东西,抛弃我们的动物性,我们才能获得真正的生命,这生命是不会毁灭也不可能毁灭的。这段话告诉我们,当我们不再把生命只看成是我们肉体的存在的时候,我们真正的生命就开始了。这段话还告诉我们,谁要是爱惜铁锹(这铁锹是应该用来种庄稼以养活自己的),把铁锹收藏起来,谁就会得不到粮食,谁就会失去生命。

17 / 精神的再生

"你们必须重生",基督说。不是有谁要人再生,而是人不可避免地要走向再生。为了获得生命,他必须再生——依靠理性意识来生活。

理性意识被赋予人,就是为了让他把自己的生命,奉献给理性意识揭示给他的幸福。谁把自己的生命奉献给了这种幸福,谁就获得了真正的生命。谁不把自己的生命奉献给这种幸福,而把自己的生命奉献给动物性的幸福,那他实际上就是剥夺了自己真正的生命。这就是基督对生命所下的定义。

认为自己的生命就是追求动物性的幸福的人听到这些话以后,不是没听清,而是不理解,他们也不可能理解。他们觉得这些话或者是毫无意义,或者是意义很小,只是使人产生一种感伤的、神秘的——他们喜欢这样用这样的词语——情绪而已。

他们不能理解这些话的意义，因为这些话所描述的是一种他们尚未达到的境界，就像一粒干枯的、没有发芽的种子不可能理解一粒吸饱了水、已经发芽的种子的心情一样。对干枯的种子来说，照耀着正在发芽的种子的太阳是一种没有意义的偶然现象，只是多了一点温暖和光明而已；而对正在发芽的种子来说，这太阳却是它们获得生命的根源。对于动物性与理性意识还没形成矛盾的人来说也是这样，理性的太阳的光芒只是一种毫无意义的偶然现象，只是一些感伤的、神秘的话语而已。只有在生命已经发了芽的人身上，太阳才带来生命。

至于生命是怎样产生的？为什么产生？在什么时候、什么地方产生？为什么不仅在人身上，而且在动物和植物身上产生？任何人任何时候也不能回答。关于人的生命的产生，基督说过了，谁也不知道，也不可能知道。

实际上，人怎么能知道他的生命是怎么产生的呢？生命是人的光，生命就是生命，生命是一切的开始。人怎么能知道它是怎样产生的呢？对于人来说，凡是产生了而后又死去的东西，就不是生命，而只是在时间和空间中显现的东西。生命是真正的"存在"，因此对于人来说，它既没有产生，也没有死亡。

18 / 理性意识需求什么

是的,理性意识毫无疑问、不容置辩地对人说,在人从自己的个体出发所看到的世界结构中,他,他的个体是不可能有幸福的。他的生命是渴求幸福,但他看到,这幸福恰恰对他是不可能的。然而奇怪的是,尽管他看到这幸福对他不可能,但他活着仍旧只是为了追求这个对他不可能的幸福——只为自己的幸福。

一个理性意识刚刚觉醒,但还没能支配其动物性的人,如果他不遏制自己,那他活着就只是为了追求那不可能的幸福:他活着和行动都只是为了让他一个人得到幸福,要使所有的人,甚至所有的生物活着和行动的目的都只是为了让他生活得好,让他享乐,让他没有痛苦,让他不会死。

奇怪的是,尽管自己的经验、对周围所有生物的观察,以及理性都毫无疑问地告诉每一个人,要做到这一点是不可能的,不可能使所有其他生物都不爱他们自己而去爱他——尽管如此,但每个人的生活仍然只是为了获得财富、权力、荣誉、名声、奉承、陶醉等等,都是为了让其他人不为自己,而只为他一个人活着,都是为了让其他人不爱自己,而只爱他一个人。

人们过去和现在都为了这个目的而竭尽全力,但同时也看到他们不可能达到这个目的。"我的生命就是为了追求幸福,"人对自己说,"只有当所有的人爱我超过爱他们自己的时候,我才可能幸福。但所有的人都只爱他们自己,或许,我要想使他们都爱我是徒劳的。但我又不可能去做别的事。"

多少个世纪过去了,人类知道了星球之间的距离,确定了它们的重量,知道了太阳和星星的构成,但如何协调对个人幸福的追求与排除这种幸福可能性的真正生命之间的关系,对大多数人来说仍旧是一个没有解决的问题,就像对五千年前的人们一样。

理性意识对每一个人说:是的,你可能得到幸福,但这只是在所有的人都爱你超过爱他们自己的时候才可能。理性意识同时又对人说,这是不可能的,因为他们所有的人都只爱自己。因此理性意识揭示给人的唯一的幸福又被它重新隐藏起来了。

许多个世纪过去了,关于人的生命幸福的问题对大多数人来说仍旧是个未解之谜。而其实这个谜是很早很早以前就被解开了。人们总是对那些知道谜底的人感到惊奇，他们惊奇的是他们自己为什么不能解开这个谜，似乎他们也早就知道谜底，只是把它忘了：这谜底在当代的错误学说看来是那么难，但它实际上是那么简单，那么天生自然。

你想要所有人都为你活着吗？你想要所有人都爱你超过爱他们自己吗？只有在这样的情况下你的愿望才能得到实现：所有的人活着都是为了别人的幸福，他们爱别人都超过爱自己。那时你和所有人都被所有人爱，你也就在这当中得到了你所希望的幸福。只有当所有人都爱别人超过爱自己，你作为一个人也爱别人超过爱自己，那时幸福对你来说就是可能的了。

只有在这种情况下，人的生命幸福才是可能的，也只有在这种情况下，那些毒害人的生命的东西——人与人之间的争斗、折磨人的各种痛苦以及对死亡的恐惧才会消灭。

个体的幸福之所以不可能，是由哪些因素造成的呢？第一是那些为了寻找个体幸福的人相互之间的争斗；第二是实际上完全虚幻的享乐，它耗费生命，导致厌倦和痛苦；第三是死亡。但如果设想一下，所有的人都把对自己个体幸福的追求换成对使其他人获得幸福的追求，那么对人来说，幸福就由不可能变成可能了。从追求个体幸福的生命概念出发，人看到这世界上充满了人与人之间无理性的争斗，人们在相互毁灭。但如果人人都认为自己的生命应该是使别人获得幸福，那么他就会看到这世界变成了另外一副模样：人与人之间的斗争只是偶然的现象，人与人之间的相互帮助是经常的，没有这种相互帮助，世界的存在就变得不可想象。

设想一下吧，人类过去所有的追求实际上达不到的个体幸福的无理性行为，都变成了另外一种行为，它们与世界的法则相符合，它们追求的是使人们自己和整个世界都获得最大的幸福。

造成个体生命的痛苦和个体幸福的不可能的另一个原因是：耗费生命的个体享乐是虚幻的，它们只会导致厌倦和痛苦。只要人把自己的生命看成是为了追求别人的幸福，那么，对享乐的虚幻贪求就消失了。为了满足无底洞般的动物性而进行的无益且痛苦的活动，就换成了与理性法则相一致的活动，它们有益于别人的生命，对自己的幸福也是必不可少的；毁灭着生命的个体的痛苦就换成了对别人的同情，这同情无疑会引发出富有成果的、最快乐的行动。

造成个体生命的痛苦的第三个原因是对死亡的恐惧。只要人不把自己的生命看成是为了满足自己动物性的幸福，而看成是为了别人的幸福，那死亡就被吓走了，永远从人的眼里消失了。

对死亡的恐惧是由于害怕肉体死去和害怕失去生命的幸福而产生的。如果人把自己的幸福寄托于使别人获得幸福上，即他爱别人超过爱自己，那死亡对他来说就不是生命和幸福的终结了。对于活着是为了他人的人，死亡对他来说不可能是生命和幸福的毁灭，因为别人的生命和幸福不仅没有因他的死亡而毁灭，而且常常是因他的牺牲而变得更多更有力量。

19 / 对理性意识的需求之肯定

"但这不是生命,"人被迷误的意识愤怒地说,"这是抛弃生命,是自杀。"理性意识回答说:别的我不知道,我只知道人的生命应该是这样的,没有也不可能有别样的生命。我更知道,这样的生命对人、对整个世界是真正的生命和幸福。我知道,如果像过去那样看待世界,我的生命和所有其他人的生命都是罪恶和没有意义的;而照现在这样,生命就是为了实现人身上的理性法则。我知道,只要实现我为人人的法则,也就实现了人人为我,那时,每个人的生活的最大幸福都是能实现的。

"如果这些法则是可能有的,那也不是现实的法则,"人被迷误的意识愤怒地说,"现在其他人并不爱我超过爱他们自己,因此我也不能爱他们超过爱我自己,不能为了他们放弃我的享受,去承受痛苦。

理性的法则与我无关。我只想让自己享乐,使自己避免痛苦。现在人与人之间的斗争还存在,如果我不去斗争,其他人就会踩死我。通过怎样的途径可能使所有人都获得最大的幸福与我无关,我需要的是现在就得到最大的、实际的幸福。"

"对这一点我什么也不知道。"理性意识说。

"我只知道,被你称为享乐的那些东西,只有当你不需要自己去争取,而由别人给你的时候,它们对你才是幸福;当你还需要自己去攫取它们的时候,你的享乐就是过分的,就是痛苦的。只有当其他人都避免了现实的痛苦时,你才可能避免它们,而不是像你现在这样由于害怕想象中的痛苦而剥夺自己的生命。"

"我知道,个体生命是一种极大的痛苦,不断的痛苦,因为个体的生命所要求的是大家都只爱我一个人,我也只爱自己,我要尽可能地得到享乐,尽可能地避免痛苦和死亡。我越爱自己,越与别人斗争,别人也就越恨我,越凶狠地与我斗争。我越防避痛苦,痛苦就越厉害。我越想避免死亡,死亡就越可怕。"

"我知道,人在没有按照生命的法则去生活以前,无论怎样都不可能获得幸福。人的生命法则不是斗争,而是人与人之间的相互帮助。"

"但我只知道我的个体,"被迷误的意识说,"我不可能把自己的生命奉献给别人的幸福。"

"对这一点我什么也不知道,"理性意识说,"我只知道,我的生命，世界上的生命，在这以前都是罪恶的、没有意义的，而现在却有了理性的目的，这目的充满活力，依靠对理性法则（我知道这些法则）的服从追求着幸福。"

"但我觉得这是不可能的！"被迷误的意识说。然而没有一个人不在做着这不可能的事情，没有一个人不认为生命的最大幸福就在这不可能之中。

"认为自己的幸福就在别人的幸福之中是不可能的。"然而没有一个人不知道有这样一种状态，即别人的幸福会成为他的幸福。"不可能把幸福看成是为别人去辛劳和受苦。"然而就有这样的人，他把自己奉献给了同情，个体的享乐对他来说是没有意义的，他的生命力量都用于为别人的幸福而辛劳和受苦，辛劳和受苦对他来说就是幸福。"为别人的幸福而牺牲自己的生命是不可能的。"然而就有这样的人，他就能达到这样的境界，对他来说死亡不仅不可怕，而且是他所能实现的最大幸福。

如果设想一下把对自己幸福的追求换成对其他人幸福的追求，理性的人不可能不看到，那时他的生命就不再像过去那样不合理和痛苦，而变得合乎理性而又幸福。他不可能不看到，如果把生命理解为追求别人的幸福，那么全世界的生命就不再像过去那样疯狂和残酷，而变成了人所希求的最高理性的幸福，不再像过去那样毫无意义和没有目的，而获得了理性的意义。对这样的人来说，世界上生命的目的就变成了世界上的人不断觉醒和统一，起初是一部分人走向觉醒和统一，然后是所有人都走向觉醒和统一，人们越来越服从理性的法则，他们明

099

白了生命的幸福不能靠每个人追求自己的幸福来达到，而要靠每个人都服从理性的法则，去追求所有其他人的幸福来达到。

除此以外，只要设想一下把对自己幸福的追求换成对别人幸福的追求，人就不能不看到，这种逐渐不断的对个体幸福的抛弃，以及把活动的目的从自己身上转移到别人身上，是人类和最接近人类的动物的运动方向。人不能不看到，在历史上，一般的生命运动不是增加和扩大生物之间的斗争，而是减少矛盾和斗争。生命的运动就在于使世界通过服从理性，从敌对与不和谐走向统一与和谐。如果能这样，人就会看到，相互蚕食的人不再相互蚕食了；打死俘虏和自己孩子的人不再打死他们了；以屠戮而自豪的军人们不再以此自豪了；建立奴隶制度的人就取消了奴隶制度；屠杀动物的人就开始驯养动物，较少地去屠杀它们。人们开始用动物的蛋和奶来取代动物的肉作为食物，开始减少对世界上植物的毁灭。人看到，最好的人谴责对享受的追求，而提倡人们节制；被后代称赞的最好的人，以自己为别人谋求幸福的行为做出了牺牲的榜样。人看到，凡是他按照理性的要求设想的东西，都能在世界上实现，并为人类的生活所证实。

不仅如此，比理性和历史更有说服力的是这样一个东西，它完全来自另一个源头，它对人指出了他的心渴求的是直接的幸福，是他的理性指示给他的、在他的心中表现为爱的那种行动。

20 / 人的个体的需求与理性意识的需求互不相容

理性、推理、历史、内在的感情等等,一切都在对人证明这种生命概念的正确性。但受当代错误学说教育的人,却总是觉得满足他的理性意识和情感的需求不可能是他的生命法则。

"不为了自己的幸福与别人斗争,不寻求享乐,不设法避免痛苦,不怕死,不!这是不可能的!这就是抛弃整个生命!当我感到我的个体需求时,当我觉得这些需求是合理的时候,我怎么抛弃我的个体属性呢?"当代受过教育的人充满自信地说。

有一种非常值得注意的现象。很少训练自己智力的普通劳动人民几乎从不坚持什么个体属性的需求,总是感到自己身上有与个体需求相反的需求。而那些有钱的、雅致的、智力发达的人却总是完全否认理性意识的需求,尤其是反驳这些需求的合理性,坚持个体需求的正确性。

智力发达、娇生惯养、游手好闲的人总是力图证明个体有自己不可剥夺的权利。但饥饿的人却不去证明人需要吃,因为他知道所有人都知道这一点,这根本不需要证明,也不可能被推翻:他去吃就行了。

之所以出现这种情况是因为普通的人,也就是所谓没受过教育的人,他们终身都在用体力劳动,他们的理性没有受到毒害,一直保持着纯洁和活力。

终身都在思想的人不仅想一些无聊的、微不足道的事,而且还想一些本不属于人应该想的事,因而毒害了自己的理性:他们的理性是不自由的。他们的理性被一些与他们不相干的事占据了,他们总是在想着自己个体的需求,怎样发展和扩大这些需求,在想着用什么手段去满足这些需求。

"但我感觉到我的个体的需求,所以这些需求是合理的。"那些有教养的、受过当代流行学说教育的人说。

他们不可能不感觉到自己个体的需求。这些人把自己整个的一生都用于扩大自己的个体幸福。个体幸福在他们看来就是满足需求。他们把个体生存的所有条件都称为个体的需求。于是,那些被意识到的需求就无限扩大了。为了满足那些无限扩大的需求,他们就排挤了真正的生命需求。

那些所谓研究社会的科学在自己研究的基础上提出了关于人的需求的学说,但它们却忘记了一个对这种学说不适合的情况,即每个人的需求或者等于零,譬如正要自杀的人,以及饿得要死的人,或者是无限多。

人的动物性的存在有多少个方面,他的需求就有多少个方面,而这些方面是与球的半径一样无限多的人。人需要吃、喝、呼吸、锻炼自己的肌肉和神经;需要劳动、休息、娱乐、家庭生活;需要科学、艺术、宗教以及它们的种种表现形式。孩子,年轻人,中年人,老人,姑娘,妇人,老太婆,各有各的需求;中国人,巴黎人,俄国人,瑞典的拉普兰人,各有各的需求;具有某种家族习惯的人,病人……,各有各的需求。

人的个体生存的需求是数到天黑也数不完的。所有的生存条件都可以被看成是需求,而生存的条件是无限多的。但是,只有那些被意识到的生存条件才被称为需求。而条件一旦被意识到,它就失去了自己的真正意义,而获得了一种被夸大的意义,这是一直在关注着它的理性赋予它的,结果就把真正的生命排挤了。

可以把所谓需求,即人的动物性生存的条件,比作无数能膨胀的小球,它们组成了某个人的身体。当这些小球没有膨胀的时候,它们彼此和平地在一起,各自占有各自的位置,一点也不拥挤。同样,当所有的需求没有被意识到的时候,它们彼此和平相处,各自占有各自的位置,不感觉到有什么痛苦。但当一个小球开始膨胀的时候,它就要占据比其他小球更多的地方,它就会排挤其他小球,自己也受到挤压。人的需求也是这样:当理性意识专注于某种需求的时候,这种被意识到的需求就占据了整个生命,使整个人感到痛苦。

21 / 不要求根本弃绝个体的需求，而要求使它服从理性

断言人感觉不到自己理性意识的需求，而只感觉到个体的属性的需求，这就是断言我们的动物性的情欲——我们用尽了全部心智在强化它控制了我们，使我们看不到我们真正的人的生命。遍地丛生的罪恶的莠草压死了真正的生命的幼芽。

当大家都像那些教导人们的导师所认为的那样，把个体的精细需要的全面发展看成是单个人的最高完美，认为大众的幸福就在于他们能够满足自己的许多需求，认为人类的幸福就在于他们的需要能够得到满足，我们的世界怎么能不像现在这样呢？

受过这种理论教育的人怎么能不断言他们感觉不到理性意识的需要，而只感觉到个体的需要呢？当他们将整个心智毫无保留地用于强化他们的情欲时，他们怎么能感到理性的需求呢？当这些情

欲吞没了他们的全部生命时，他们怎么能弃绝自己情欲的需求呢？

"弃绝个体的属性是不可能的。"这些人通常这么说。他们故意歪曲问题，把使个体服从理性的法则这一概念偷换成弃绝个体的属性这一概念。

"这是违反自然的，因此是不可能的。"他们说。其实谁也没有说要弃绝个体的需求。个体的需求之于理性的人，就像呼吸和血液循环之于动物一样。动物怎么能不要血液循环呢？根本不能说这样的话。同样也不能对理性的人说要他弃绝个体的需求。对理性的人来说，个体的需求是他的生命的必要条件，就像血液循环是动物生存的必要条件一样。

作为一个动物的人的身体，不能也不会提出任何需求。这些需求都是方向错误的心智提出的，这些心智不去指导生命，不去阐明生命，而是去煽动个体的情欲。

动物性的需求总是可以得到满足的。人不会去问：我将吃什么？我将穿什么？所有这些需求对人都是有保障的，就像对飞鸟和花草一样，只要他过的是合乎理性的生活。[①]事实上，凡是有思想的人，谁会相信只要他的个体需求能得到保障，他就能减少他的痛苦呢？

人的生存的痛苦并不是来源于他的个体需求，而是由于他把自己个体的生存看成是生命和幸福。只有在这个时候，

---

① 参见《新约·马太福音》6：25—34。——译者

人的矛盾、分裂和痛苦才显现出来。

当人为了对自己掩盖理性的需求，运用自己心智的力量去无限制地增强和扩大不断增长的个体需求时，他的痛苦就开始了。

不可能也不需要弃绝个体的需求，就像不可能也不需要弃绝人的其他生存条件一样。但是可以，而且应该不把这些条件看成是生命本身。可以而且应该利用这些生命的条件，但是不能也不应该把这些生命的条件看成生命的目的。不弃绝个体的需求，而弃绝个体的幸福，并且不再把个体看成是生命本身：这就是为了达到矛盾的统一，为了能够获得人的生命所追求的幸福而应该做的。

自古以来，人类的伟大导师们就宣传过这样的学说：把生命看作人的个体是毁灭生命，弃绝个体的幸福才是获得真正生命的唯一途径。

"是啊，但这究竟是什么呢？是佛教吗？"当代的人常常这样说。"这是涅槃，是站在柱顶上苦行！"他们这么说了以后，就觉得自己以最成功的方式驳倒了人人都清楚知道的、对谁都隐瞒不住的事实：个体的生命充满痛苦，没有任何意义。

"这就是佛教，这是涅槃"，他们这样说了以后，就觉得他们用这句话驳倒了被亿万人承认过并继续承认着的、我们每个人在灵魂深处都清楚知道的一切，那就是，为了个体的目的而生活是有害的、毫无意义的，如果说这种有害和毫无意义的生活有某种出路的话，那么这个出路无疑就是弃绝个体的幸福。

人类中的大多数，过去和现在都这样来理解生命，最伟大的思想家也这样理解生命，对生命无论如何也不能有另一种理解，但这一点也不使他们发窘。他们坚信，如果有关生命的一切问题不能用最满意的方式解决的话，那么它们就要被电话、轻歌剧、细菌学、电灯、罗布里特炸药等取代了；在他们看来，弃绝个体生命的幸福的想法只不过是古代蒙昧的回声而已。

这些不幸的人从来也没想过，一个为了涅槃而弃绝了个体幸福，用一只脚站立的最粗笨的印度人，是比我们这些野蛮的当代欧洲人更有生命的人，我们根本无法与他们相比，尽管我们乘着火车走遍了全世界，在电灯光下面，通过电报和电话向全世界宣扬自己动物般的生活状态。这个印度人明白他的个体生命和理性生命是矛盾的，他尽可能地去解决它。而我们当代有教养的人不仅不明白这种矛盾，而且不相信存在这种矛盾。人的生命不是人的个体生存这一原则，是整个人类通过千百年的精神劳动获得的，它不仅对人（不是对动物）的精神世界是重要的，而且是一种无比正确、不可摧毁的真理，正如地球的转动和重力的原理一样。所有能思考的人、学者、无知识的人、老人、孩子都明白和知道这个原理；只有非洲和澳洲最野蛮的人，以及欧洲的大城市里那些生活富裕的人、变得野蛮了的人才不知道这个原理。这个真理是人类的财富，只要人类不退回到那些次要的知识——如机械学、代数学、天文学等——的水平上，而坚持有关人的生命的基本的、主要的知识，那么人类就不会退步。想忘掉和从人类的意识中磨灭人类通过千百年的生活总结出的那个真理——个体的生命是徒劳的、没有意义的和充满痛苦的——是不可能的。当代欧洲的科学企图恢复远古野蛮的生命观，即把生命只看成个体的生存，这只是更清楚地表明人类理性意识的成长，清楚地表明人类已经脱离自己的童年走向了成熟。关于自杀的哲学理论，以及以骇人听闻的比例在增长的自杀事件，都表明人类不可能回到它的意识已经发展过了的阶段。

人类已经经过了把生命看成是个体生存的阶段，要退回去是不可能的，要想忘记人的个体的生存是没有意义也不可能的。无论我们怎么写、怎么说、怎么揭示、怎么力图使我们的个体生命变得完美，否定个体幸福的可能性仍旧是当代一切有理性的人的不可动摇的真理。

"不过地球仍旧在转动。"问题不在于为了驳倒伽利略和哥白尼的原理而要去想出一种新的托勒密圆周①（这是不可能想出来的），问题在于要继续前进，要从这个已经进入人类共同意识的原理中得出进一步的结论。对待由婆罗门、佛、老

---

① 托勒密（Ptolemy，约公元前90—168），古希腊著名的天文学家。他在他的巨著十三卷的《天文学大成》中建立了一个以地球为中心的宇宙体系，太阳、月亮和各个行星都在自己的轨道上围绕着地球做圆周运动。——译者

子、所罗门、斯多葛派，以及所有人类真正的思想家所阐明的，关于个体幸福的不可能的原理也应该这样。不应该对自己隐瞒这个原理，不应该千方百计地回避它，而应该勇敢地、明确地承认它，并由此得出进一步的结论。

22 / 爱的感情是服从于理性意识的个体活动的表现

理性的人不能为了个体的目标而活着。不能的原因是因为通往这个目标的路都不通；人的动物性所追求的一切目标显然都无法达到。理性意识指出了其他目标，这些目标不仅能够达到，而且能给人的理性以完全的满足。但是，起初在流行错误学说的影响下，人以为这些目标与他的个体是相矛盾的。

当代培养出来的人具有过分发达的、太强的肉欲，不管他怎么努力去承认自己身上的理性的我，他总是不能在这个我中感到自己的动物性中所感到的对生命的渴求。理性的我仿佛只是在静观生活，而它自己并不在生活，也没有对生活的向往。理性的我没有对生活的渴求，而动物性的我却要受苦，于是只剩下一条路——逃避生活。

当代的消极哲学家,像叔本华、哈特曼①就是这样敷衍搪塞地解决这个问题的。他们否认生活,却仍旧在生活,没有利用一切可能性去逃避生活。于是自杀者们就认真地来解决这个问题了,他们逃避了这个对他们来说除了恶以外别无所有的生活。

对他们来说,自杀是摆脱当代无理性的人类生活的唯一出路。

悲观主义哲学和最普通的自杀者的理论是这样的:有一个动物性的我,他渴求生活。但这个我以及他的渴求得不到满足。还有另一个理性的我,他对生活没有任何渴求,他只是批判地静观所有虚假的人生快乐和动物性的我的情欲,并且完全否定它们。

如果我服从第一个我,就会看到我的生活是疯狂的,正在走向灾难,并且越来越深陷其中。如果我服从第二个我,即理性的我,那么我身上就没有对生活的渴求了。我看到,只为了我的欲望,只为了个体的幸福而生活是荒诞的、不可能的。为了理性意识当然也可以生活,但没有目标也没有欲望。侍奉产生我的本原——上帝,那又为了什么?即使没有我,上帝(如果有上帝的话)也有许多侍奉者。那我何苦还要去侍奉他呢?当我还没厌倦的时候,看看这生活的游戏还可以。一旦我厌倦了,我可以一走了之,杀死自己。我就是

---

① 爱德华·哈特曼(Edward Hartmann,1842—1906),德国哲学家,追随叔本华的悲观主义哲学思想。——译者

这么做的。

这就是相互矛盾的生命概念,人类在所罗门和释迦牟尼以前就已经有了这些概念了,而当代的伪学者却还想叫人类回到这个概念上去。

个体的需求达到了疯狂的程度。觉醒了的理性否定它们。但个体的需求如此膨胀,充满了人的意识,以至于人觉得,理性否定了整个生命。人觉得,如果从他的生命意识中抛弃他的理性所否定的一切,那就什么也不剩了。他看不到剩下的东西,其实剩下的东西中就有生命,他却觉得什么也没有。

光照在黑暗里,黑暗却不接受光。[1]

真理的学说知道这个两难推理——或者疯狂地生活,或者否定这种生活——并解决了它。

那个被称为关于幸福的学说,也就是真理的学说,向人们指出,他们抛弃了那种为自己的动物性所寻求的虚幻的幸福,将要获得的并不是一种在某时某地才能得到的幸福,而是一种永远是此时此地就能得到的幸福,这幸福是实实在在、不可剥夺的,他们永远能够得到的。

这幸福不是仅仅从某种理论推导出来的,不是应该到某个地方去寻找的幸福,也不是某人在某时某地许诺的幸福,

---

[1] 见《新约·约翰福音》1:5。——译者

而是那种人们最熟悉的幸福，每个没有被腐化的心灵都直接向往的幸福。

所有人从小就知道，除了动物性的幸福以外，还有一种更美好的生命的幸福，它不仅不取决于动物性的幸福能否得到满足，恰恰相反，人越弃绝动物性的幸福，这种幸福就越大。

所有的人都知道这种能解决人的生命的一切矛盾、能给人以最大幸福的感情。这种感情就是爱。生命是服从于理性法则的人的动物性的活动。理性就是为了自己的幸福，人的动物性所应该服从的法则。爱则是人唯一的理性活动。

人的动物性渴求幸福；理性向人指明这种动物性的幸福的虚幻，同时给人留下一条路。在这条路上进行的活动就是爱。

人的动物性要求幸福，理性意识则向人指明一切互相搏斗着的人的痛苦，向人指明他的动物性的幸福的不可能，向人指明他唯一可能有的幸福是这样的：人与人之间不再有争斗，幸福不会终止，不会多得使人发腻，人们不会再有对死亡的预感和恐惧。

于是，人在自己的心灵中找到了这种感情，就像找到了一把专为开某把锁而配的钥匙，它能把理性向人指明的那种唯一可能的幸福给予人。这种感情不仅能解决以前人的生命矛盾，而且仿佛就是在这种矛盾中，它才可能表现出自己。动物性为了自己的目的要利用人的个体，而爱的感情却引导人为了别人的利益献出自己的生命。

　　动物性的人是痛苦的。而这种痛苦,以及设法减轻这种痛苦正是爱的活动的主要对象。动物性的人在追求幸福的时候实际上每时每刻都在追求最大的不幸——死亡,对死亡的预见破坏了个体的所有幸福。而爱的感情不仅能消除这种恐惧,还将引导人为了别人的幸福最终牺牲自己的肉体的生存。

23 / 不懂得自己生命意义的人不可能有爱的表现

每个人都知道爱的感情是一种特殊的、能解决一切生命矛盾的东西，它能把人的生命所追求的那种完全的幸福给予人。"但这种感情只是偶尔产生，持续的时间也不长，结果还常常是更大的痛苦。"不理解生命的人这样说。

对这种人来说，爱不是生命的唯一合理的表现（而对理性意识来说，爱却是生命的唯一合理的表现），而只是生活中无数各种各样的偶然现象中的一种，只是人在自己的生活中会产生的无数各种各样的感情中的一种：人在出风头的时候会有某种感情，在迷恋科学和艺术的时候会有某种感情，在追求职位和荣誉、想获得某种东西的时候会有某种感情，在爱某个人的时候也会有某种感情。爱的情感对不理解生命的人来说，不是人的生命的本质，而只是一种偶然的感情,它就像人在自己的生活中所感受到的其他感情一样,是与他的意志无关的。甚至能够常常读到和听到这样的理论:爱是一种不正常的、会破坏生活正常秩序的感情,一种给人带来痛苦的感情,就像太阳升起的时候猫头鹰所体验到的那种感情。

不错,这种人是感觉到了在爱的情感中有了某种特殊的、比其他情感中的东西更重要的东西。但这种人因为不理解生命所以就不能理解爱,爱对他们来说,与其他感情一样使人感到痛苦和虚幻。

爱……可是爱谁呢?
暂时相爱吧,不值得,
长久相爱吧,不可能……[①]

这几句诗准确地表达了这种人紊乱的意识,他们认为爱能拯救生命的苦难,唯有在爱中有与真正的幸福类似的东西,同时他们又认为爱不可能是最终的希望。爱某个人,爱就全部消失了。因此,只有当你能够永远爱一个人的时候,爱才可能是幸福。而这样的爱是没有的,所以,爱也不能拯救人,

---

[①] 这三句诗引自俄国著名诗人莱蒙托夫(M. I. Lermontov, 1814—1841)的诗《又苦闷又烦忧》。莱蒙托夫是俄国天才诗人,因普希金(A. S. Pushkin, 1799—1837)死于决斗而发表《诗人之死》,由彼得堡被放逐遣往高加索,代表作有《恶魔》《忏悔》《童僧》。和普希金一样,莱蒙托夫后来死于一场决斗,年纪更轻,只有二十七岁。——译者

爱也同其他东西一样是欺骗和痛苦。

对这些教导别人和被别人教导的人来说，他们不能有别的理解，只能把生命理解为动物性的生存。

对这种人来说，爱甚至不能与这样的概念相一致，即我们平时常常不由自主地与爱联系起来的那些概念，爱不是能给自己所爱和爱自己的人以幸福的善良行为。对把生命只看成是动物性存在的人来说，爱常常是这样一种感情：为了自己孩子的幸福，一个母亲把另一个母亲的奶夺过来，而后者也有一个饥饿的孩子，前者却为奶妈的哺乳能否成功而不安和痛苦；为了使自己的孩子过得富足，一个父亲为如何从饥饿的人们手中夺走最后一块面包而伤透脑筋。那是这样一种感情，由于这种感情，爱着一个女人的男人感到痛苦，他敢使她痛苦，他引诱她，或者由于妒忌而杀死自己和她；那是这样一种感情，由于这种感情，甚至常常发生男人强暴女人的事；那是这样一种感情，由于这种感情，同伴中的一个为了坚持自己的某种东西而去伤害另一个；那是这样一种感情，由于这种感情，人为了自己迷恋的事情而折磨自己，也因为这种感情而使周围爱他的人痛苦和烦恼；那是这样一种感情，由于这种感情，人们不能忍受自己心爱的祖国被凌辱，因而导致亲人和敌人或伤或死，躺倒在战场上。

不仅如此，对把生命看成是动物性幸福的人来说，爱的行动显得那样困难，爱的表现不仅是痛苦的，而且常常是不可能的。"不应该去评论爱，"不理解生命的人说，"只要去献身于这种对人的偏执的、热烈的感情就行了，你体验到了，它就是真正的爱。"

这是对的，爱是不能议论的，任何对爱的议论都会毁了爱。但问题在于，只有那些已经把自己的理性用于理解生命，并弃绝了个体生命的幸福的人才能不去议论爱；而那些还没有理解生命，并只为了动物性的幸福而生活的人就不能不议论。为了献身于他们称之为爱的那种感情，他们就必须议论。对他们来说，不进行议论，不解决这个未解决的问题，这种感情的任何表现都是不可能的。

实际上，人们爱自己的女儿、自己的朋友、自己的妻子、自己的孩子、自己的祖国，超过爱别人的孩子、妻子、朋友和祖国，他们就把这种感情称为爱。

一般来说，爱就意味着善良的行为。我们总是这样来理解爱的，也不能做别的理解。我爱自己的孩子、自己的妻子、自己的祖国，就是希望孩子、妻子和祖国比别人的孩子、妻子和祖国获得更多的幸福。从来没有这样，也不可能是这样，即我只爱自己的孩子，或只爱自己的妻子，只爱自己的祖国，每个人都是既爱自己的孩子、妻子和祖国，也爱一般的人。而另一方面，因为爱，人们都希望自己所爱的人获得幸福，但这些幸福的条件却是相互关联的：一个人为了他所爱之人中的一个做出的爱的行为，不仅会妨碍他对其他人的行为，而且常常会毁灭其他人。

于是问题就来了——为了什么样的爱而行动？怎么行动？

为了什么样的爱可以牺牲另一种爱？对谁应该爱得多一些？对谁的善良行为应该多一些？妻子还是孩子？妻子、孩子还是朋友？怎样才能在为祖国服务的同时不破坏对妻子、孩子和朋友的爱？最后，怎样才能解决下面这些问题：为了为别人服务，我能牺牲多少我个体的属性和需求？为了爱别人和为其他人服务，我还能对自己关心多少？所有这些问题，对不想弄清楚他们称之为爱的东西是什么的人来说，是很简单的，但是这些问题其实并不简单，它们还完全没有解决。

那个律法师不是白白地对耶稣提出这个问题的：谁是我的邻舍呢？①只有那些忘记了人的生命的真正条件的人才会觉得这个问题很简单。

如果人是我们想象中的神，那他才可以只爱他选中的一部分人，才可以认为偏重一部分人也可以算真正的爱。但人不是神，而且一直处在人与人彼此对立，彼此都想把对方吞下去（在直接的意义和引申的意义上）的生存环境中。一个

---

① 见《新约·路加福音》10：25—37：有一个律法师，起来试探耶稣说："夫子！我该做什么才可以承受永生？"耶稣对他说："律法上写的是什么？你念的是怎样呢？"他回答说："你要尽心、尽性、尽力、尽意爱主——你的神，又要爱邻舍如同自己。"耶稣说："你回答的是；这样行，就必得永生。那人要显明自己有理，就对耶稣说："谁是我的邻舍呢？"耶稣回答说："有一个人从耶路撒冷下耶利哥去，落在强盗手中，他们剥去他的衣裳，把他打个半死，就丢下他走了。偶然有一个祭司从这条路下来，看见他就从那边过去了。又有一个利未人来到这地方，看见他，也照样从那边过了。惟有一个撒马利亚人行路来到那里，看见他就动了慈心，上前用油和酒倒在他的伤处，包裹好了，扶他骑上自己的牲口，带到店里去照应他。第二天拿出二钱银子来，交给店主，说："你且照应他；此外所费用的，我回来必还你。"你想，这三个人哪一个是落在强盗手中的邻舍呢？他说："是怜悯他的。"耶稣说："你去照样行吧。"——译者

理性的人应该了解和看到这一点。他应该了解，一个人获得任何肉体的幸福都只会毁灭另一个人。

无论宗教的迷信和科学的迷信怎样要人相信，在未来的黄金时代，人人都将生活得很富足，但理性的人却看到和知道，他在时空上的生存法则就是斗争：是所有人对每个人的斗争，每个人对每个人的斗争，每个人对所有人的斗争。

在那种拥挤状态中，在那种为了动物性的利益而进行的斗争中，人不可能像不理解生命的人所想象的那样，爱他所选择的人。即使他只爱他所选择的人，他也不可能只爱一个人。每个人都爱母亲、妻子、孩子、朋友、祖国，甚至爱所有人。爱不只是一个词（大家都赞成这一点），爱是一种要带给别人幸福的行动。这种行动并不遵循某种确定的次序，不是先有最强烈的爱的要求，然后再有次强烈的爱的要求等等。爱的要求常常是没有次序的、一起出现的。譬如现在有一个我有一点爱的饥饿的老人来向我讨饭，而我手上拿的正是我心爱的孩子们的晚饭，我该怎样权衡这两种要求呢？是满足眼前不太强烈的爱的要求呢，还是满足未来更强烈的爱的要求呢？

这正是律法师向耶稣所提出的问题："谁是我的邻舍呢？"怎么解决这个问题：该为谁服务？服务到什么程度？为别人呢还是为祖国？为祖国呢还是为自己的朋友？为自己的朋友呢还是为自己的妻子？为自己的妻子呢还是为自己的父亲？为自己的父亲呢还是为自己的孩子？为自己的孩子呢还是为

自己?(如果当他们需要的时候能够为之服务的话。)

要知道所有这些爱的需求都是交织在一起的,满足了一些人的需求就可能满足不了另一些人的需求。假定有一个挨冻的孩子没衣服穿,有人向我要我的孩子在将来的某个时候可能要穿的衣服给那个孩子,我就有可能为了我的孩子未来的需求而拒绝给他。

在处理你与你所为之服务的祖国,以及我与其他人的关系时也是这样。如果一个人能为了最大的未来的爱的需要而拒绝眼前的最小的爱的需要,那么这样的人,即使他竭尽全力想做到,他也没有能力权衡他能在多大程度上为了将来的需要而拒绝眼前的需要,因此他就不能解决这个问题,他就总是在选择那些对他来说是愉快的爱的表现,也就是说,他实际上不是为了爱,而是为了自己在行动。如果一个人决定为了别人的、将来的更大的爱的需要,而节制眼前的最小的爱的需要,那他或者是在欺骗自己,或者是在欺骗别人,他除了爱自己以外永远也不会爱别人。

未来的爱是不存在的。爱只能是一种现实的行为。不肯为了现实的东西而付出爱的人就没有爱。

没有真正的生命的人的生命概念也是这样。如果人只有动物性而没有理性,像动物一样生活着,那么,他们是不会议论生命的,他们的动物性的生活就是合理的、幸福的。爱也是这样:如果人是没有理性的动物,那么他们也会爱他们所喜欢的东西,他们的崽子,他们的族群,他们不知道它们

123

是在爱,他们也不知道其他狼也爱它们的崽子,其他野兽也爱它们的兽群,他们的这种爱就是他们在其所具有的意识水平上所可能有的爱和生命。

但人是理性的,人不能不看到,其他人对自己的家人也有同样的爱,因此这种爱的感情就会相互发生冲突,产生某种非善良的、与爱的概念完全对立的东西来。

如果人运用自己的理性为这种他们称之为爱的动物性的、非善良的感情辩护,去增强这种感情,就会使它扭曲变形,以致这种感情不仅不再是善的,而且会把人变成最可恶最可怕的动物(这是众所周知的真理)。那就像福音书中所说的:"你里头的光若黑暗了,那黑暗是何等大呢!"[1]如果一个人的心中除了对自己和自己孩子的爱以外别无所有,那他也不会有那种现在存在于人与人之间的极度的恶。人与人之间的极度的恶,产生于那种他们称之为爱并极力赞扬的错误感情,这种错误的感情与真正的爱相似的程度,就同动物的生命与人的生命相似的程度一样。

不理解生命的人把这称为爱,其实这只是对自己个体幸福的某些条件,比对别的个体的幸福条件更偏重而已。当那些不理解生命的人说,他爱自己的妻子、孩子或朋友的时候,其实他说的只是他的妻子、孩子和朋友在他的生活中的存在增加了他的个体生命的幸福。

---

[1] 见《新约·马太福音》6:23。——译者

这种偏重之于爱的关系，就像生存之于生命的关系一样。正如不理解生命的人把生存称为生命，这些人也同样把对个体生存的某些条件的偏重称为爱。

这种感情，对某些东西的偏重，譬如对自己的孩子，甚至对某种事业，譬如对科学和艺术，我们也将其称为爱。但这样的感情各种各样，多不胜数，它们组成了人复杂的而又可以感觉得到的动物性的生活，不能把它们称为爱。因为它们缺乏爱的主要标志——以幸福为目的和结果的行动。

这种偏重所显示出的热情只是表现了动物性的能量而已。被不正确地称作爱的那种对一些人的偏重所显示出的热情，就像一棵未嫁接过的野苹果树，它必须通过嫁接才能生出真正的爱，结出爱的果实。正如未嫁接过的野苹果树不是真正的苹果树，不能结出甜甜的苹果，而只能结出酸涩的果子，对某种东西的偏爱也不是真正的爱，它不能使人行善，甚至还可能使人行恶。那种被人赞美的对女人、对孩子、对朋友的爱——我们不谈对科学艺术和对祖国的爱，那是另外一回事——实际上是对动物性生活的某些条件的偏重，它们会给世界带来极大的恶。

24 / 真正的爱是弃绝个体幸福的结果

只有弃绝了动物性的幸福,才可能有真正的爱。

只有当一个人明白了,他的动物性的幸福已经不再存在了,真正的爱才可能开始。只有在那个时候,生命的所有汁液才会变成一根真正的爱的新枝,然后这些新枝就生机勃勃地在动物性的人这棵未嫁接过的树的树干上到处萌发出来。基督的学说就是这爱的接枝,正如他自己所说过的。基督说,他,他的爱,是结果子的葡萄枝,凡是不结果子的枝子,都要剪去。[①]

只有不仅了解,而且以整个的生命体验到"得着生命的,将要失丧生命;为我失丧生命的,将要

[①] 见《新约·约翰福音》15:1—2:"我是真葡萄树,我父是栽培的人。凡属我不结果子的枝子,他就剪去;凡结果子的,他就修理干净,使枝子结果子更多。"——译者

得着生命"①的人,只有明白爱自己灵魂的人将要毁掉自己的灵魂,而恨自己灵魂的人则将使他的灵魂不死的人,才能认识真正的爱。

"谁爱父亲或母亲胜于爱我,谁就不配做我的弟子。谁爱儿子或女儿胜于爱我,谁就不配做我的弟子。如果你们爱你们的人,那不算爱;要爱你们的仇敌,爱恨你们的人。"

人们弃绝个体,不是像一般人所想的那样,是由于爱父亲、儿子、妻子和朋友,爱善良和可爱的人,而是由于意识到个体生存的徒然,意识到个体幸福的不可能,因此,人弃绝个体生命的结果是认识了真正的爱,这时人才可能真正爱自己的父亲、孩子、妻子和朋友。

爱就是要把别人看得比自己更重,爱别人胜过爱自己动物性的个体。

为了实现个体未来的目的而暂时放弃个体目前的利益,这是常见的,人们把这称为爱,但这种爱不是建筑在自我牺牲的基础上,它只不过是为了个体的利益而特别偏重一部分人而已。真正的爱在成为一种活跃的感情之前应该先表现为某种情绪。爱的开端和爱的根基,不是淹没了理性的感情的爆发——像人们平常所想象的那样——而是一种理性的、明朗的,因而也是平静快乐的情绪,这种情绪是孩子们和有理性的人所固有的。

---

① 见《新约·马太福音》10:39。——译者

这种情绪就是对所有人的好意,这种情绪是孩子们所固有的,而成年人却只有在弃绝了个体的幸福时才会产生,而且弃绝得越彻底,这种情绪就越容易产生。我们常常听到人们说:"我反正无所谓,我什么也不需要。"听到这样的话,我们同时也看到一种对人漠不关心的态度。然而如果每个人都试一试,哪怕只试一次,就是在你对别人怀着敌意的时候,你从内心里真诚地对自己说:"我无所谓,我什么也不需要。"只要真的什么也不想要,哪怕只是暂时的,每个人都会由于内心的朴素经验而认识到,随着自己对个体需要的真诚弃绝,所有的敌意一下子都消失了,原本禁锢在他心里的对所有人的好意像泉水一般地涌流出来。

事实上,爱就是把别人看得比自己更重——我们都是这样理解的,也不可能有其他的理解。爱的多少就像一个分数的值,它的分子是我对别人的偏重和同情,这是不以自己的意志为转移的;它的分母则是对自己的爱,这是可以增加到无限大或减少到无限小的,就看一个人对自己动物性个体看得有多重要。我们这个世界对爱和爱的程度的评价,就像对一个分数的大小的评判,只看它的分子,而不考虑它的分母。

真正的爱总是以弃绝自己个体的幸福为基础,并由此产生对所有人的好意。只有有了这种普遍的好意,才能对某些人——对亲人或陌生人产生真正的爱。只有这样的爱才能给生命以真正的幸福,才能解决动物性需求和理性意识之间的矛盾。

弃绝个体幸福的结果是产生了对所有人的爱,不以此为基础的爱,只是一种动物性的爱,有这种短暂的爱会比没有这种爱给生活带来更多的痛苦和更多的不理性。被人们称为爱的这种偏重某些人的感情,不仅不能消灭斗争,不能使人从对享乐的追求中解放出来,不能使人避免死亡,而且还会使生活变得灰暗,使斗争变得更残酷,使人为了自己或某些人更强烈地去追求享乐,使人更害怕自己或某些人的死亡。

把自己的生命看成是动物性生存的人不可能爱,因为对他来说爱是与他的生命直接对立的一种行为。这种人的生命只是为了动物性生存的幸福,而爱则首先要求牺牲这种幸福,一个不理解真正的生命的人,即使他真诚地想献身于爱的行为,在他没有理解真正的生命并改变对生命的态度以前,他是做不到这一点的。把自己的生命看成是为了动物性的幸福的人,他就把自己整个的生命变成了实现自己动物性幸福的一个工具,他攫取财富,保存财富,迫使其他人为他的动物性的幸福服务,把这些幸福分配给对他的个体幸福来说比较需要的人。当他的生命还不是掌握在他自己手里,而是掌握在别人手里的时候,他怎么谈得上献出自己的生命呢?对他来说,更难选择的是,他该把所积聚的幸福转让给他所偏重的人中的哪一个呢?他该为谁服务呢?

为了能献出自己的生命,他首先必须交出他为了自己的幸福从别人那儿夺取的多余的东西,然后他还要做一件他做不到的事:决定他该用自己的生命为谁服务?在他能够爱,即牺牲自己和为别人造福以前，他必须停止恨，即停止作恶，不再为了自己的幸福而把一些人看得比另一些人更重。

只有不把幸福看成是个体的生命，因而敢不关心这种虚妄的幸福，并因此而使人所固有的对他人的善意从自身中出来的人，才可能有使自己和别人都满意的爱的行动。这种人的生命的幸福就是爱，就像一棵阳光下的植物，因为无所遮挡，它不需要也不会去问：我该往什么方向长呢？哪儿的光线好呢？它不等待什么别的更好的光线，只是认为世界是唯一的光线，朝着它生长弃绝了个体生命幸福的人，也不去琢磨他该把从别人那儿夺来的东西给他所喜爱的哪个人，不去盘算有没有什么更需要得到他的爱的人——他只是怀着他已经能触摸到、已经达到的爱献出自己的生命。只有这样的爱才能给人的理性以充分的满足。

25 / 爱是真正的生命唯一充实的活动

把自己的生命全部献给自己的朋友,这就是爱,除此以外没有别样的爱。爱,只有当它是牺牲自己的时间,它才是爱。只有当一个人不仅把自己的时间,自己的力气献给爱的对象,而且把自己的身体也为之耗尽,把自己的生命也献给他的时候,我们才认为这是真正的爱,只有在这样的爱中才能找到幸福,获得爱的奖赏。只有当人间有了这样的爱,世界才能存在。哺乳的母亲直接奉献自己,她用自己的身体来哺育婴儿,婴儿没有这种哺育就不能活,这就是爱。所有的劳动人民也是这样,他们献出自己的体力去养活别人,他们为了别人的幸福在劳动中耗尽自己的体力,在一步步逼近死亡。只有当一个人觉得在牺牲自己和牺牲他所爱的人之间没有任何区别的时候,爱才是可能的。给自己孩子哺乳的母亲不可能不爱他;而正在攫取金钱和保护自己金钱的人就不可能爱别人。

"人若说自己在光明中,却恨他的弟兄,他到如今还是在黑暗里。爱弟兄的,就是住在光明中,在他并没有绊跌的缘由。惟独恨弟兄的,是在黑暗里,且在黑暗里行,也不知道往哪里去,因为黑暗叫他眼睛瞎了[①]……小子们哪,我们相爱,不要只在言语和舌头上,总要在行为和诚实上。从此就知道我们是属真理的,并且我们的心在神面前可以安稳[②]……这样,爱在我们里面得以完全,我们就可以在审判的日子坦然无惧。因为他如何,我们在这世上也如何。爱里没有惧怕;爱既完全,就把惧怕除去,因为惧怕里含着刑罚,惧怕的人在爱里未得完全[③]。"

只有这样的爱才能给人以真正的生命。

"你要尽心、尽性、尽意爱主——你的神。这是诫命中的第一,且是最大的。其次也相仿,就是要爱人如己。"[④]耶稣说:"你回答的是;你这样行,就必得永生。"[⑤]

[①] 见《新约·约翰一书》2:9—11。——译者
[②] 见《新约·约翰一书》3:18—19。——译者
[③] 见《新约·约翰一书》4:17—18。——译者
[④] 见《新约·马太福音》22:37—39。——译者
[⑤] 见《新约·路加福音》10:28。——译者

真正的爱就是生命的本身。"我们因为爱弟兄,就晓得是已经出死入生了。"耶稣的弟子说,"没有爱心的,仍住在死中。"[①]只有爱的人才是活着。

按照基督的学说,爱就是生命本身;但这不是非理性的、痛苦不堪和使人毁灭的生命,而是幸福的、无限的生命。我们全都知道这一点。爱不是理性的结果,也不是某种活动的结果。爱就是生命的欢乐活动本身,这生命从四面八方包围住我们,我们在刚刚有记忆的幼年时期,在自己的身上感受到它的存在,当错误的学说不再堵塞我们的心灵,不再剥夺我们去体验这生命的可能时,我们就又感受到了它的存在。

爱,这不是对被扩大了的短暂的个体幸福的狂热追求,也不是针对某些人或某些事物;爱是对人的身体以外的幸福的追求,这种幸福是在人弃绝了个体的动物性的幸福以后,仍旧留存在人身上的。

活着的人中谁不知道那种幸福的感情,哪怕他只体验过一次,那种感情常常产生在幼年时期,那时人的心灵还没有被现在充斥于我们生活中的各种谎言所堵塞,那是一种幸福的、平和的感情,怀着那种感情时想爱所有的人:亲人、父亲、母亲、兄弟、坏人、敌人、狗、马和青草;只希望一件事——让所有的人都好、都幸福,更想自己去做一件事,使所有的人都更幸福,想献出自己,献出自己全部的生命,为

[①] 见《新约·约翰一书》3:14。——译者

了所有的人永远快乐和幸福。这就是爱，人的生命就存在于这种爱之中。

　　生命只存在于这种爱之中，这种爱在人的心灵中出现，就像一棵刚刚长出来的柔嫩的幼苗，它的四周长满了各种各样与它的样子相同，但却是粗俗的、人的情欲的莠草的幼苗，而人们却把这些莠草的幼苗称为爱。起初，人觉得这棵幼苗应该能长成一棵大树，鸟儿们都能在它身上栖息，所有其他莠草的幼苗也是这样。起初人们甚至更偏爱那些莠草的幼苗，因为它们长得快，而那棵唯一的幼苗却渐渐萎谢然后死去了。还常常发生更坏的事：人们听说在这些幼苗中有一棵真正的、被称为爱的生命的幼苗，他们就踩死它，而去培育莠草的幼苗，并把它们称为爱。还有比这更坏的人：人们用粗鲁的手抓住那棵爱的幼苗，大声喊道："这就是它，我们找到了，我们现在认识它了，我们要加快它的生长。爱！爱！崇高的感情，这就是它！"于是人们开始移栽它、修剪它、钳制它、阻碍它，结果它还没有开花就死去了，于是这些人或另一些人就说：这全是胡闹，荒唐，多愁善感。爱的幼苗在刚刚出现的时候是柔嫩的，经不起折磨，只有当它长大了以后才变得强壮。人们对它所做的一切只会对它有害。它只需要一点——谁也不要挡住理性的阳光，只有这阳光才能使它长大。

26 / 人们为改善自己的生存所做的种种徒劳的努力，使他们不可能获得唯一真正的生命

只要认识到动物性的生存的空洞虚幻，把唯一真正的爱的生命从自身中解放出来，人就得到了幸福。为了实现这种幸福人应该做些什么呢？人的生存就是个体逐渐消亡、不可避免地趋向死亡的过程，人不可能不认识到这一点，人在自己生存的整个过程中一直在努力忙碌，目的是肯定这个正在不断趋向死亡的个体，满足它的欲望，而这就使自己失去了获得唯一真正的生命——爱的可能性。

不理解真正的生命的人，在他的生存过程中总是为了自己的生存在斗争，在追求享乐，总想避免痛苦，使自己远离那不可避免的死亡。

但增加享乐也就加强了斗争，对痛苦越敏感就越接近死亡。对自己掩盖接近死亡这一事实的唯一办法就是：进一步增加享乐。但增加享乐总有极限，

到了这个极限，享乐就不可能再增加了，于是享受就变成了痛苦，剩下的只是对痛苦的敏感，对越来越逼近的死亡的恐惧。这就出现了恶性循环——甲是出现乙的原因，但乙又反过来增强了甲。不理解真正的生命的人，他们生活中最糟糕的地方是：他们所认为的享乐（所有富人的享乐）是不可能人人都同样得到的，因此只有采用暴力的、恶的手段从别人那儿去夺取，这种暴力和恶就毁灭了对人类的善意，而爱正是从这种善意中产生出来的。因此享乐总是与爱直接对立的，享乐越多，与爱的对立就越严重。为获得享乐的行为越强烈、越紧张，实现人的唯一真正的幸福——爱，就越不可能。

在许多人的头脑里，生命并不是像理性意识所意识到的那样，即它虽然看不见，但却无疑在任何时刻都使自己眼前的动物性需求服务于理性的法则，使人所固有的对所有人的善意解放出来，并因此而做出爱的行动；在许多人的头脑里，生命就只是一种在某个时间内，在某种由我们安排的、排除了对所有人的善意的可能性的条件下的一种肉体的生存。

遵从那些流行学说的人，他们把自己的理智用于安排某种生存的条件，他们觉得自己生存的外部条件越好，生命的幸福就越多。而要使他们生存的外部条件变得更好，就必须更多地对别人采用与爱完全对立的暴力。因此，他们把自己的生存安排得越好，他们就越不可能有爱，越不可能有生命。

人们不用自己的心智去理解这一点：即任何人的动物性生存的幸福都只是一个零。人们认为这个零是一个可以扩大或缩小的范围,他们就把自己所有的心智毫无保留地用于对这个零的虚假的扩大。

人们看不到零无论怎样扩大对任何人来说仍旧是零,看不到任何人的动物性的生存都是痛苦的,不可能通过外部条件的改善使它变得幸福。人们不愿意看到一个人的肉体生存不可能比另一个人的肉体生存更幸福,正如湖面上的水不可能有一处比整个水平面高一样。心智被扭曲了的人们看不到这一点,他们把自己被扭曲了的心智用于一件不可能的事:抬高湖面上若干处地方的水,这就好像正在洗澡的孩子认为自己是在煮啤酒,他们的生命就这样徒然地流逝了。

他们觉得,人的生存是有好有坏,有幸福多和幸福少的区别的。他们说,劳苦的劳动人民,或是病人的生存是坏的、不幸福的,而有钱人或是健康的人的生存是好的和幸福的。他们把心智的全部力量都紧张地用于躲避坏的、不幸的、痛苦的、有病的生活,而极力为自己营造好的、富裕的、健康的、幸福的生活。

营造和维持这些形形色色幸福"生活"(他们把自己动物性的生存称为生活)的方法和原则,经过一代代人的加工,已经变成了一种遗产。一些人在另一些人面前竭力维持这种幸福的"生活",他们或者是从父母那儿继承了这种"生活",或者是他们自己营造了一种更幸福的"生活"。人们觉得,维持自己继承的这种对生存的安排,或是按照他们的想象力为自己安排一种更好的生存方式,就是在做着某种事情。

人们就这样在欺骗中相互维持着,他们常常真诚地相信,这种类似于想把水捣碎的行为就是生活,其实他们自己也清楚地知道,那种行为是毫无意义的——结果就是:他们怀着轻蔑回避真正的生命的召唤,这种召唤是他们一直能听到的,它存在于真理的学说之中,存在于有真正生命的人的榜样之中,存在于自己日益枯竭的心灵之中——因为理性和爱的声音是永远也不会完全消失的。

于是奇怪的事情就发生了。大多数的人原本有可能过一种理性的、充满爱的生活,但他们却还处在这样的状态:就像一群被人从正在燃烧的屋子里拖出来的羊,却挣扎着想冲回到火中去,它们使尽自己的全部力气与那些想救它们的人斗争。

人们恐惧死亡,却不想从死亡中走出去;人们害怕痛苦,却在折磨自己,剥夺自己获得真正的生命和幸福的可能性。

27 / 对死亡的恐惧只不过是对无法解决的生活矛盾的意识

"死亡是不存在的。"真理的声音告诉人们。"耶稣对她说:'复活在我,生命也在我。信我的人虽然死了,也必复活;凡活着信我的人必永远不死。你信这话吗?'"①

"死亡是不存在的",世界上所有伟大的导师都这样说过,现在还在这样说,千千万万理解生命意义的人也以自己的生命证明了这一点。每一个活着的人都能在自己的心灵里、在意识觉醒的时刻感觉到这一点。但不理解生命的人却不可能不害怕死。他们看得见死亡,也相信死亡。

"怎么会不存在死亡?"这些人愤怒地、恶狠狠地叫道。"这是诡辩!死亡就在我们面前,它已经

---

① 见《新约·约翰福音》11:25—26。——译者

夺走了千千万万人的生命，也将夺走我们的生命。不管别人怎么说死亡是不存在的，它仍旧存在着。瞧，那就是它！"他们看见了他所说的死亡，就像有精神病的人看见了威胁着他的幻影。他不能触摸到这幻影，它从来也没有碰到过他。对这幻影的意图他一点也不知道，但他是那么害怕它，由于这个想象中的幻影而痛苦不堪，以致失去了生的可能。对死亡的态度也是这样。人并不了解自己的死亡，永远也不可能认识它，它也从来没有触摸过人，人对它的意图一点也不了解。那么，他有什么好害怕的呢？

"死亡确实是还没有抓住我，但它将要抓住我，我知道得很清楚，它将抓住我并毁灭我。这很可怕。"不理解生命的人这样说。

如果对生命抱有错误概念的人能心平气和地、公正地想一想他们所抱有的那种生命概念的基础，他们就应该得出一个结论，即在我们的肉体生存中将要发生的那个变化（我们把它称为死亡），是一直不停地在所有的生物身上发生的，它没有什么不愉快，没有什么可怕的。

我将要死。那有什么可怕的？要知道，在我的肉体生存中，已经发生过多少各种各样的变化了，难道我害怕过它们吗？那我为什么要害怕这个还没有到来的死亡呢？死亡不仅不与我的理性和经验相对立，而且对我而言，它是那么容易理解，那么熟悉，那么自然，在我的生命过程中，我过去和现在都经常这样来理解动物和人的死亡：即把它看作生命的一种必需的、使我感到愉快的条件。那么，死亡有什么可怕的呢？

只有两种严格来说合乎逻辑的生命观：一种是错误的，即把生命理解为一种看得见的现象，它存在于我们的肉体之中，即从生到死的过程；另一种是正确的，即把生命理解为一种我们都具有的看不见的意识。一种是错误的，另一种是正确的，但两者都是合乎逻辑的：人们不管是持有两种生命观中的哪一种，都不应该害怕死亡。

第一种错误的生命观把生命理解为发生在人的肉体中的一种现象，即人从生到死的过程，这种生命观与这个世界一样古老。它并不像许多人所想的那样，是当代的自然科学和哲学造就出来的，当代的科学和哲学只不过使它发展到极端罢了，在它发展到极端的情况下，这种生命观与人的天性的基本需求之间的矛盾就比过去表现得更明显了。这是一种人类处在较低发展水平时的古老原始的生命观，中国人、佛教徒、犹太人和约夫①的书中都用一句名言表达这样的观点："人本尘土，仍归尘土。"

现在这种生命观是这样表达的：生命——这是表现在时间和空间中的物质力量的一种偶然的游戏，我们称之为意识的那个东西其实并不是生命，而只是一种感情的骗局，我们在这骗局中觉得生命存在于意识之中。意识只是无知在某种

---

① 约夫（Yoffe，？—1607），曾任俄国正教会牧首。——译者

状态下迸发的一种火花。这火花迸发出来，燃烧着，然后逐渐熄灭，最后完全熄灭了。这种火花，亦即意识，只是物质在无限的时间的两极之间的短暂一瞬所感觉到的某种东西，其实它是虚幻的。尽管意识看到了自己和整个无限的世界，评判着自己和整个无限的世界，看到了这个世界所有偶然的游戏，更主要的是，意识注意到这种游戏与不是偶然的东西是不同的，把这种游戏说成是偶然的。但这个意识本身却仍旧只是死的物质的产物，是一种幻影，产生的时候无声无息，消失了以后也不会留下任何痕迹。一切东西都是不断变化着的物质的产物，被人们称为生命的那个东西也只是死的物质的某种状态而已。

第一种生命观就是这样。这种生命观完全合乎逻辑。按照这种生命观，人的理性意识只是与物质的某种状态相伴随的偶然现象，因此，我们在自己的意识中称之为生命的东西只是一种幻影，世界上只存死的东西。我们称之为生命的东西只是死的一种游戏。按照这种观点，不仅死亡不应该使人觉得可怕，相反倒是生命应该使人觉得可怕，因为它是不自然的、非理性的，就像佛教徒和现在一些新的悲观主义者，如叔本华、哈特曼所说的那样。

另一种生命观是这样的：生命就是我在自己身上所意识到的那个东西。我总是能意识到自己的生命，不是因为我曾经有过生命或将要有生命，而是因为我此刻有着生命，这生命既没有开始，也永远没有终结。对我的生命的意识与时空的概念无关。我的生命是表现在时空之中的，但这只是它的表现而已。被我所意识到的生命本身是超越时空的。这种生命观点所得出的结论就与第一种生命观所得出的结论相反了：对生命的意识不是一种幻影，而肉体在时空中的存在倒是虚幻的。按照这种生命观，肉体的生存在时空中的停止没有任何实在的意义，它不仅不能中止，而且也不能破坏我真正的生命。按照这种生命观，死亡是不存在的。

无论持有第一种还是第二种生命观，都不会害怕死亡，只要你严格地遵循你的生命观。

无论动物性的人或理性的人都不可能害怕死亡：动物性的人没有对生命的意识，看不到死亡；而理性的人在动物性的死亡中看到的只是物质的一种自然的、永不停止的运动，除此以外别无其他。如果说人害怕，那他害怕的不是他不了解的死亡，而是他的动物性和理性都了解的生命。人们对死亡的恐惧中所表达的只是对生命的内在矛盾的意识，正如对幻影的恐惧也只是对病态心理的意识。

"我不再存在了，我将要死去，我认为承载我生命的那些东西也将要死去。"一个声音对人说。"我活着，"另一个声音对人说，"我不能死，也不应该死。我现在不应该死，我应该将来死。"在想到死亡的时候感到恐惧的原因不是死亡本身，而是这种矛盾：对死亡的恐惧不在于人害怕自己肉体生存的停止，而在于他觉得那将要死去的东西是不会死和不应该死的。关于将来要死亡的念头，实际上是把将来的死转变成了现在的死。已经出现了的未来肉体死亡的幻影不是关于死的思想的觉醒，恰恰相反，这是关于生命的思想的觉醒，这生命是人应该有而现在还没有的。这种感觉就类似于一个被埋在棺材里的人忽然苏醒过来时所应该体验到的感觉。世界上有生命，而我却死了，瞧，这就是死亡！想到那应该活着的东西却将要死去，人的头脑眩晕了、害怕了。对死亡的恐惧并不是对死亡本身的恐惧，而是对错误的生命的恐惧，关于这一点的最好证明是：常常有人因为害怕死亡而自杀。

关于肉体死亡的念头之所以使人们感到恐惧，不是因为他们担心他们的生命就随着肉体的死亡而终结了，而是因为肉体的死亡清楚地向他们揭示出他们所没有的真正的生命的必然性。因此，不理解生命的人不喜欢提到死亡。提到死亡就等于是要他们承认，他们所过的生活不是他们的理性意识所要求他们过的那种生活。

害怕死亡的人之所以害怕，是因为在他们看来，死亡就是空虚和黑暗。但他们只看到空虚和黑暗是因为他们没有看到真正的生命。

28 / 肉体的死亡消灭了属于空间的身体和属于时间的意识,但不能消灭构成生命基础的东西——每一个人对待世界的特殊关系

不理解生命的人,只要他们走近那个使他们感到恐惧的幻影,触摸一下它,他们就会看到,那只是个幻影罢了,并不是真实的。

人们总是恐惧死亡,因为他们害怕随着肉体的死亡而失去那个组成了他们生命的——他们这样觉得——独特的我。我死了,肉体腐烂了,那个我就毁灭了。我,就是那个在我的肉体中活了许多年的东西。

人们珍爱那个我。人们认为,那个我是与他们的肉体同在的,因此他们得出结论,那个我必定随着他们肉体生命的灭亡而灭亡。

很少有人想到要去怀疑这个最平常的结论,而实际上这个结论却完全是臆断的。无论是自认为唯物论者的人,还是自认为唯灵论者的人,都习惯于

认为,他们的我就是他们对自己那活了若干年的肉体的意识,他们从来也没想到要去检验一下这个结论的正确与否。

我活了五十九年,在整个的这段时间里,我在自己的肉体中意识到我的存在,我觉得,这种对自我的意识就是我的生命。但要知道,这只是我觉得而已。无论我活了五十九年,还是五万九千年,还是五十九秒,无论是我的肉体,还是我的肉体存在的时间,其实都不能确定我的生命就是那个我。如果我在生活中的任何时刻,在自己的意识中问自己:我是什么?我一定会回答,我就是那个在思想、在感觉的东西,也就是对世界有完全是自己的独特态度的那个东西。我只把这个东西认为是我,其他的东西一概不是。关于我是在何时何地诞生,我在何时何地开始感觉和思想,我现在在怎样想和怎样感觉,我一点也意识不到。我的意识只对我说:我存在着。是的,我存在着,怀着对我置身于其中的那个世界的态度存在着。关于自己的出生、自己的童年、青年时代的许多往事、中年时期,关于许多不久以前的事,我常常一点也不记得。如果我想起了什么事情,或者别人对我提到我过去的什么事情,我回想起来就像是别人对我在讲其他什么人的事。因此,我凭什么断定,在我所生存的整个时间里,我就是那个固定不变的我呢?要知道,过去没有、现在也没有固定不变的我的肉体;我的肉体过去和现在都是在不断变化的物质,它已经改变过几十次了,原有的东西早就不存在了,肌肉、内脏、骨骼,全都改变过了。

我的肉体之所以是整一的，是因为有一种非物质的东西存在，它把这个不断变化着的肉体看成是整一的和自己的，这个非物质的东西，我们把它称为意识。正是它支撑着整个肉体，并把这肉体看成是整一的和自己的。没有这种把自己看成是与别人不同的东西的意识，我就不可能了解自己的生命，也不可能了解任何别人的生命。因此，第一眼看起来，一切的基础——意识，应该是稳固的和不中断的。但这却错了：意识并不是稳固的和不中断的。在人的一生中，梦是经常出现的。我们觉得梦似乎很平常，因为我们每天都睡觉，经常做梦。但其实梦是完全不可理解的，如果我们一定要承认那不能不承认的东西，我们就得承认，在做梦的时候，意识有时完全停止了。

每天夜里，当人沉浸在梦乡的时候，意识完全停止了，经过一段时间又恢复了。而这个意识却是支撑整个肉体的唯一基础，并且它还承认这个肉体是自己的。事情似乎应该是这样的，即意识停止的时候，肉体也应该分裂，不再是一个独立的个体。但事实上却不是这样，无论是在自然的梦中，还是在艺术所描绘的梦中都不是这样。

支撑整个肉体的意识经常停止，但肉体却不分裂；此外，这个意识也像肉体一样是不断变化的。正如十年前的肉体中的物质已经完全不是今天的肉体中的物质那样，正如肉体不是固定不变的那样，人的意识也不是固定不变的。我三岁时的意识与今天的意识已经完全不同，正如我三十年前的肉体与今天的肉体已经完全不同一样。没有什么固定不变的意识，只有一系列连续的逐渐变化的意识，它可以分割得无限细微。

支撑着整个肉体，并把它认为是自己的那个意识，不是什么固定不变的东西，而是一种经常停止和不断变化的东西。在人的身上，没有什么是我们平常所想象的那种固定不变的意识，正如没有固定不变的肉体一样。人的肉体不是固定不变的，也没有什么特殊的东西使一个人的肉体与其他人完全不同；在人的一生中，他的意识不是固定不变的，有的只是一系列不断变化，而又用某种东西相互联结起来的意识，但人仍旧能感觉到自己的存在。

我们的肉体不是整一不变的，意识把不断变化着的肉体看成是整一的和我们的，但这意识也并不是整一的，而只是一系列变化着的意识的结合体。我们已经无数次地失去过我们的肉体和我们的意识。我们失去肉体是经常的，而失去意识则每天都在发生，即当我们睡着的时候。我们每天每时都感觉到自己的意识在变化，但我们一点也不害怕。或许，如果有这样一个我们害怕在死亡的时候将失去的、我们的我的话，那这个我不应该存在于我们将其称为自己的那个肉体之中，也不应该存在于在某些时候我们将其称为自己的那个意识之中，而应该存在于另一个把所有连续变化的意识联结为一个整体的东西之中。

那个把一系列连续的意识联结成一个整体的东西究竟是什么？那个既不是由我的肉体存在所形成的，也不是由肉体中产生的一系列意识所形成的，但却是根本的、所有各种各样连续不断的意识都像贯穿在一根轴上一样依次贯穿在其上的那个我究竟是什么？问题似乎非常深奥而费解，但没有一个小孩不能回答这个问题，他们一天要把这个问题的答案说上二十次。"我爱这个，我不爱那个。"这话非常简单，但其中却包含着一个问题的答案，即那个把所有的意识联结成一个整体的特殊的我是什么。这个我爱这个，却不爱那个。为什么一个人爱这个，却不爱那个？谁也不能回答。而正是这一点组成了每个人生命的基础，正是它把每个人的各种各样有先有后的意识组成了一个整体。外部的世界同样作用在所有人身上，但即使处在完全相同的条件下的人，按照他们接受的数量和强度的不同，他们所得到的印象也是极其多种多样的。正是由这些印象组成了每个人的意识。所有这些连续不断的意识之所以能联结起来，是由于实际上只有一些印象在作用于人的意识，而另一些却并不发生作用。之所以有一些印象发生作用，而另一些印象不发生作用，是因为他或多或少地更爱这个，而不爱那个。

只是由于这种有多有少的爱，在人的头脑里形成了这样的而不是那样的意识。这种更爱这个而不爱那个的特点就是那个独特的、基本的我，在这个我的身上所有零零落落、断断续续的意识就联结成了一个整体。这种特点尽管在我们的一生中也会发展，但它却是从某种看不见的、我们所不了解的过去被我们带入到此生中的。

人的这种更爱这个而不爱那个的特点通常被称为性格。这个词常常指的是在某种空间和时间的条件下所形成的每个人的特性。但这是不正确的。人更爱这个而不爱那个的基本特性不是由时空条件形成的，恰恰相反，时空的条件到底发生作用或不发生作用，只是因为人在来到这个世界的时候已经具有很明确的更爱这个而不爱那个的特性。正因为这一点，在完全同样的时空条件下出生和受教育的人，才会常常表现为完全不同的我。

把所有零乱的意识——这意识也同样把我的肉体联结为一个整体——联结为一个整体的是某种非常确定的东西，尽管它超越于时空以外，这东西是被我们从时空以外带入这个世界的。这个东西就是我们对世界的某种独特的态度，就是真正的、确实的人。我认为这种基本的特性就是我自己，就是任何其他的人，如果我了解某个人，那只是说，我了解他对这个世界的某种独特的态度。我们在与人们进行严肃的精神交往的时候，我们中间的任何一个人都不会把别人的外部特征作为根本的东西，而是努力深入到别人的本质中去，即努力了解别人对世界的态度，以及他们爱什么和不爱什么到何种程度。

每个动物：一匹马、一条狗、一头牛，如果我了解它们，与它们有严肃的精神交往，那我不是凭它们的外部特征了解它们，而是凭它们对自己置身于其中的那个世界的独特态度，凭它们爱什么和不爱什么到何种程度来了解它们。如果我了解动物的各种不同特性，那么，严格地说，我了解它们更多是凭它们（狮子、鱼、蜘蛛）对世界的独特态度，而不是凭它们的外部特征。所有的狮子都爱同样的东西，所有的鱼都爱另一种东西，而所有的蜘蛛则爱第三种东西。只是因为它们爱不同的东西，所以在我的头脑里它们才得以区分开来，就像各种其他动物在我的头脑里能区分开来一样。

如果我还不能区分它们中的每一个对世界的独特态度，这也不能证明它们不存在，而只能证明作为它们生命的那种对世界的独特态度，与我对我置身于其中的那个世界的态度相差很大，因此我还不能像意大利作家塞尔维亚·佩里科了解他笔下的蜘蛛那样了解它们。

我之所以能了解自己和整个世界，其根本原因就在于我对我所置身其中的那个世界有一种独特的态度，由于有这种态度，所以我也看到其他生物对世界也有一种独特的态度。我对世界的独特态度不是在此生确立的，不是从我的肉体诞生的时候才开始的，也不是与我连续不断的意识相伴随的。

因此，被我的意识联结成一个整体的我的肉体可能灭亡，我的意识本身也可能灭亡，但我对世界的独特态度（它形成了独特的我，使我了解世界上的一切）不可能灭亡。它不可能灭亡，因为只有它是存在的，否则，我就不可能了解自己的意识，不可能了解自己的肉体，不可能了解自己的以及任何别人的生命。因此，肉体和意识的灭亡并不意味着我对世界的独特态度（它并不是从此生才开始出现的）的灭亡。

29 / 对死亡的恐惧之所以产生，是因为人们把被他们的错误想象所局限的生命的一部分当成了整个生命

我们害怕在肉体死亡的时候，同时失去把我的肉体和意识联结成一个整体的那个独特的我，但实际上那个独特的我并不是从我们诞生的时候才开始有的，因此，某一段时间意识的中止并不能毁灭那个把所有时间中的意识联结成一个整体的东西。

肉体的死亡确实毁灭了那支撑着肉体的暂时的生命意识。但这种情况是每天都在不断发生的——当我们睡着了的时候。问题在于，肉体的死亡是否也毁灭了那把所有连续不断的意识联结成一个整体的东西，即我对世界的独特态度？为了确认这一点，就必须首先证明，这种把所有连续不断的意识联结成一个整体的独特态度，是从我肉体的诞生开始的，因而也与我的肉体同时死亡。但事实却不是这样。

在论及自己意识的基础时，我看到，把我所有

的意识联结成一个整体——亦即使我易于接受某些东西,而对另一些东西则比较冷淡(其结果是一些东西留在脑海里了,而另一些东西则从头脑里消失了),并且决定我爱善恨恶的程度——的东西,就是我对世界的独特态度,它组成了我的本身,它就是独特的我,它不是某种外部原因的结果,而是我的生命中所有留存下来的东西的根本原因。

至于我的观察基础,起初我觉得,产生那个独特的我的原因,在于我的父母,以及影响他们和我的环境;但沿着这条思路往前走,我就不能不看到,如果产生那个独特的我的原因在于我父母的特点和影响他们的环境,那也就在于我所有先辈的特点和他们的生存环境——如此无限追溯下去,要追溯到时空以外,即那个独特的我是产生于时空以外的。

那个独特的我,是,也只是建立在这个超越时空的、我对世界的独特态度的基础之上的,而正是我对世界的独特态度把我记得的意识和此生之前的意识(正如柏拉图所说的,和我们经常感觉到的那样)联结在一起;我们所害怕的,就是在肉体死亡的时候,那个独特的我也随之灭亡了。

但只要你明白了,把所有的意识联系成一个整体的,就是人的特别的我,它是超越时间的,它过去和现在永远都存在着,而可能中断的,只是某一段时间里的意识,那你也就明白了,在肉体死亡的时候,那种暂时的毁灭,就像每天睡着时一样,并不能毁灭人的真正的我。没有任何一个人会害怕睡着,尽管睡着的时候所发生的情况与死亡是完全一样的，即意识中止了。人不害怕睡着，不是因为他判断他睡着了以后还会醒来（这个判断是不正确的，因为他可能第一千次地醒来，但在第一千零一次，他醒不来了），而是因为事实上他将又一次地醒来。任何人在任何时候都不会做这样的判断，因为这样的判断不能安慰他。但人知道，他的真正的我是活在时间以外的，因为他的意识的暂时停止并不能毁灭他的生命。

如果一个人就像童话中所说的，睡了几千年，他也会和睡了两个小时一样平静。对于不是暂时的，而是真正的生命的意识来说，中断一百万年和中断八个小时是一样的，因为真正的生命与时间无关。

肉体灭亡了，只是暂时的意识灭亡了而已。

时至今日，人应该习惯于自己肉体的改变，习惯于一些人的暂时意识被另一些人的暂时意识所代替了。要知道，这种改变并不是从人懂事时才开始的，它一直在不停地发生着。实际上人并不害怕自己肉体上的变化，不仅不害怕，而且常常很希望这种变化进行得快一些，譬如人希望自己长大成人，希望自己的病痊愈。当一个人有着健壮的肌肉时，他总是意识到自己生理的需求。后来他成了长大胡子的成年男子，或是她成了钟爱自己孩子的成年妇女。要知道，这时他或她的身体和意识中已经没有什么与过去相同的东西了，但人却不害怕使自己变成现在这种状况，而只会欢迎这种变化。那么，人面临又一种新的变化又有什么好害怕的呢？害怕灭亡吗？

但须知，所有这些变化，以及对真正的生命的意识，并不是从肉体诞生的时候才开始的，而是在肉体以外和超越时间的。难道有什么时间和空间的变化能毁灭时空以外的东西吗？人的眼睛只盯住自己生命中很小很小的一部分，却不想看见它的整体，害怕失去他所迷恋的这很小很小的一部分。这使人想起一个有趣的故事，有个疯子想象自己是玻璃做的，有人推了他一下，他嘴里喊了声"嘭"，倒在地上就死了。为了使人拥有生命，就应该抓住它的全部，而不是抓住表现在时空中的那一小部分。谁抓住了整个生命，谁的生命就会变得更丰富；谁只抓住生命的一小部分，那么，已经被他抓住的一小部分也会失去。

30 / 生命是对世界的态度,生命的运动是确立新的、最高的态度,因此死亡是进入新的态度

我们只可能把生命理解为一种对世界的态度,而不可能有别的理解:我们这样理解自己的生命,我们也这样理解别人的生命。但我们认为自己的生命不仅仅是一种现有的对世界的态度,还是通过动物性越来越服从于理性,以及更大程度的爱的表现而确立的对世界的新态度。我们在自己身上看到的肉体存在不可避免要灭亡的事实向我们表明,我们对待世界的态度不是固定不变的,我们必须确立新的态度。这种新态度的确立,即认定生命是一种运动,将消除死亡的概念。只有不承认自己的生命在于确立对世界的理性态度,并将这种态度表现在越来越多的爱中的人,才会有死亡的概念,这种人对世界的态度是:在与他一同生存的人中,他爱一部分人,不爱另一部分人。

生命是永不停止的运动，人若停留在那种对世界的态度上，即停留在他生命刚刚开始的时候所具有的那种爱的程度上，他就会感到生命停顿了，就会想到死亡。

只有对这样的人，死亡才是可见的和可怕的。这种人的整个生存就是一种不断的死亡。对他来说，死亡的可见和可怕不仅仅体现在将来，而且也体现在现在，体现在从小到老的他的动物性生命的衰退上，因为从童年到壮年的生存运动只是表现为暂时的力的增长，而实质上却是肢体变得粗糙，灵活性和生命力在减弱，这样的变化从生到死一直不断地进行着。这种人经常在自己面前看到死亡，没有任何力量能把他从死亡中拯救出来。这种人的状况每日每时地坏下去，任何力量也不能使他的状况得到改善。爱一部分人而不爱另一部分人的这种对待世界的特别态度，对这种人来说只是他生存的条件之一，而生命唯一重要的事，即确立对世界的新态度和增加爱，在他看来却是不必要的。他的整个生命是在一种实际上不可能达到目的的过程中度过的，即想逃避不可避免的生命力的衰退、粗糙化和衰弱，想逃避衰老和死亡。

但是，对理解生命的人来说情况就不一样了。这样的人知道，他从他所不知晓的过去把自己爱一部分人而不爱另一部分人的这种对待世界的态度，带到现在的生活中来了。他知道，这种由他带到他的生活中来的，对一部分人的爱和对另一部分人的不爱，就是他的生命的本质；这不是他生命的偶然属性，只有这一属性包含生命的运动，他也认为他的生命只存在于这种运动中，存在于爱的不断扩大中。

看看自己经历过的生活，根据他所记得的一系列意识，他看到他对世界的态度在变化，对理性法则的服从在增加，爱的力量和领域也在不停地增加，这给予他越来越多的幸福，有时甚至成反比例地降低着个体生存的意义。

这样的人理解他的生命是从他所不知晓的过去发展而来的，他意识到生命是在不断地发展着的，他平静且快乐地度过自己的生命，也同样平静且快乐地面向不可知的未来。

有人说，疾病、年老、衰弱，变得像孩子一样，就是人的意识和生命的灭亡。对哪个人来说是这样呢？我想到传说中返老还童的使徒约翰，据说，当时他只说了一句话：弟兄们，你们要相爱！一个步履蹒跚的百岁老人，用含糊不清的声音只说了五个字：你们要相爱！在这样的人身上，动物性的存在已经到头了，它已经被对世界的新态度、被动物性的人所容纳不下的新生命吞没了。

对于把生命理解成只存在于现实之中的人，由于疾病和老去而引起的生命的衰弱，以及对这一点所感到的悲伤，与一个正在走向光明的人，当看到身上的阴影随着一步步接近光明而减少时，他所感到的悲伤是同样的。相信肉体的灭亡就像自己生命的灭亡，如同相信一个物体进入到强烈的光线底下，它影子的消失就像这个物体消失了一样荒谬。只有那个长久以来只看着物体的影子、最后把影子想象成了物体本身的人，才会做出这样的结论。

对于不依据自己在时空中的存在，而依据自己日益增长的对世界的爱来看待自己的人来说，时空条件的影子的灭亡只是更大的光明到来的标志。把自己的生命理解成一种对世界的独特态度——这种态度是他带入到自己的生存中的，并且随着爱的不断扩大而不断成长——的人，对自己灭亡的看法，就如同一个了解世界外部规律的人，相信母亲肯定会在卷心菜的叶子下面找到他，然后他的身体会突然飞向某个地方，一点痕迹也不留下。

31 / 死者的生命在这个世界上并没有终止

另一方面，按照我们所意识到的生命的本质来说，关于死的迷信实际上变得更清楚了。我的朋友，我的兄弟，曾经像我一样地活着，现在他们不再像我那样活着了。他的生命就是他的意识，那是从他的肉体生存的条件中产生出来的。就是说，他的意识在时间和空间都消失了。对我来说，他消失了。我的兄弟曾经活着，我曾经与他有很多来往，但现在他消失了，我永远也无法知道他在哪里。

"他与我们的联系中断了。对我们来说，他消失了；我们也将消失，对那些在我们以后还活着的人来说。"不理解生命的人这样说。这种人把外部交往的停止看作死亡的最确凿无疑的证据。然而，实际上没有什么比亲人肉体生存的停止更能说明死亡概念的虚幻了。我的兄弟死了，实际上是发生了什么变化呢？所发生的变化是：我所能观察到的他对世界的态度在时空中的显现，从我的眼前消失了，什么也没留下。

"什么也没留下。"一只还没变成蛾的蛹看到它旁边留下的一个空茧壳时会这样说。蛹是可以这样说的，如果它能思想和说话的话，因为它的邻居消失了，它就确确实实一点也感觉不到它的存在了。但人不是这样。我的兄弟死了，他的茧壳确实是空了，我不能再以迄今为止我看到他的那种方式看到他了，但他从我的眼前消失并没有使我对他的态度也消失了。正如我们常说的，我还经常想起他。

回忆还留存着——不是回忆他的手、脸和眼睛，而是回忆他的精神面貌。

回忆是什么？这句话似乎很简单，很好懂！晶体的形式消失了，动物死去了，它们之间的回忆就不存在了。但我对我的朋友和兄弟的回忆却留存着。我的朋友和兄弟的生活与理性的法则越相符，他们的生命中爱的显现越多，我对他们的回忆就越鲜明。这种回忆不只是一种想象，还对我有着实际影响，就同我的兄弟活着的时候对我的影响一样。这种回忆就是他的那种看不见的精神的气氛，在他活着的时候，这种气氛环绕在他的周围，影响着我和其他人，在他死后，它仍旧影响着我。这种回忆现在要求我做到的，与他活着的时候要求我做到的完全一样。不仅如此，在他死后，这种回忆所提出的要求变得比他活着的时候更带有强制性。我的兄弟身上的生命力不仅没有消失，没有减弱，而且它对我的影响变得比以前更强有力了。

他的生命力在他死后仍旧像他活着时那样，或者比他活着时更强有力地影响着人们，与那些还活着的人没有什么不一样。当我感觉到我兄弟的生命力的影响，就像他还活着的时候一样，即他对世界的态度使我彻底弄清楚了我对世界的态度，我凭什么认为我已经死了的兄弟没有生命了呢？我只能说，他已经超出了他活着的时候所具有的较低层次的对世界的态度（亦即我现在所具有的层次）。我只能说，我看不见他现在所具有的那种对世界的新态度的核心，但我不能否认他有生命，因为我感觉到他的生命力对我的影响。我仿佛在镜子里看到一个人支撑着我，后来镜子模糊了，我再也看不到他怎样支撑着我，但我能以整个身心感觉到他仍旧支撑着我，所以他仍旧存在着。

我已经死去的兄弟的生命不仅影响着我，而且还进入到我的身上。他独特的活生生的我，即他对世界的态度也变成了我对世界的态度。他仿佛是在确立他对世界的新态度的时候也把我拉向他已经达到的高度，那个他已经达到，而我却看不见，但又吸引着我的高度，对我、对那个独特的活生生的我，就变得更清晰了。我就是这样意识到我死去的兄弟的生命，因此我不可能怀疑它。而且，越是观察这个从我的眼前消失了的生命，我就越坚信它的活力。人死了，但他对世界的态度继续影响着人们，甚至不是与他活着的时候一样，而是比他活着的时候强烈许多倍，这种影响随着理性和爱的增多而加强，就像任何有生命的东西一样，它永远不会死亡，也不会中断。

耶稣死去很久了，他的肉体存在是短暂的，我们对他的肉体存在并没有很清晰的概念，但他充满理性和爱的生命，他对世界的态度，至今仍影响着千百万接受了他的学说并以此而生活的人。是什么在产生着影响呢？是曾与耶稣的肉体存在相联系，并成为他的生命的延续和发展的那些东西吗？有人说，这不是耶稣的生命，而是他生命的结果。说了这样毫无意义的话以后，他们就觉得，他们说出的这句话比说"这种力量就是耶稣的生命本身"更明确。一群在一棵后来长成了橡树的橡实旁边挖洞的蚂蚁会说这样的话。橡实长成了一棵橡树，它的根把泥土撑裂了，枝叶和新的橡实也掉落在地上，它遮挡了阳光和雨，改变了生活在它周围的一切。但蚂蚁仍旧说："这不是橡实的生命，而是它生命的结果，它的生命早在我们把它拖到洞里去的时候就结束了。"

我的兄弟无论是昨天死了还是一千年以前就死了，他的生命力都用比他活着时更强的力量影响着成百成千成万的人，尽管他活着时可以看得见的那个生命力的中心从我的眼前消失了。这意味着什么？我眼前有一堆草燃烧着，我看见了光。草烧尽了，但光却更亮了：我不知道产生这光的原因，也不知道是什么在燃烧，但我能得出结论，刚才烧尽了这草的火，现在已经烧着了远处的森林，或者烧着了我不知道的什么东西。但这光却是实实在在的，我不仅能看到它，而且正是它引导着我，给我以生命。我依靠这光生活，我怎么能否认它呢？我可以设想，这股生命力现在有另一个我看不见的中心。但我不能否认它，因为我能感觉到它，被它所激励，依靠它而生活。这个中心是什么样的，这个生命本身是什么样的，我不知道；如果我想猜的话，我能猜到，肯定不会猜错。但如果我已经找到了对生命的理性解释，并且满足于这种解释的清楚和确实无疑，我就不想用模糊和随意的猜测去破坏这种解释的清楚和确实无疑。我充分地知道，如果我赖以生活的原则是从那些在我以前活着，以及很久以前就死了的人的生命中形成的，那么所有执行生命法则、使自己的动物性服从于理性，并表现出爱的力量的人，在他活着时和死去后都影响着其他人，于是，关于死的荒谬可怕的迷信就永远也不使我痛苦了。

那些死后还继续影响着人们的人，我们在他们的身上能观察到为什么他们能使自己的动物性服从于理性，为什么他们能把自己的生命贡献给爱，因此，我们就永远也不会怀疑生命是不会灭亡的了。

在这些人的生命中，我们能找到他们相信生命不会停止的基础，然后，我们深入到自己的生命中去，也将找到这种基础。基督说，他在自己生命的影子消失以后仍将活着。他说这话是因为在他的肉体存在的时候，他已经进入到永远不会停止的真正生命中去了。他在他的肉体存在的时候已经生活在他将要去的那另一种生活的中心所发出的光中了，他在他活着的时候就已经看到这种光怎样照亮了他周围的人。每一个弃绝了动物性、依靠理性和爱生活的人也会看到同样的东西。

一个人，无论是基督、苏格拉底，还是善良的人、默默无闻的人、自我牺牲的人，或是老人、青年、妇女，如果他活着时为了别人的幸福而弃绝了自己个体的幸福，那么，他在此生就已经具有了对世界的新态度，对他来说死亡就不存在了。对所有人来说，确立这种态度都应该是此生的事。

使自己的生命服从于理性的法则并表现为爱的人，就会在自己的生命中看到他所向往的生命的新中心发出的光，同时也会看到这光通过他对周围人产生了影响。这就使他确信生命不会减少，不会死亡，有着永恒的力量。一个不能使自己相信生命不死的人不可能接受征途不死的信仰。为了要相信生命不死，这不死的生命就必须确实存在，而要它存在，就必须把自己的生命理解为存在于一种不死的东西之中。只有从事着自己的生命工作的人，只有在自己的生活中确立了那种他身上已经容纳不下的对世界的新态度的人，才能相信未来的生命。

32 / 对死亡的迷信之所以产生，是由于人把自己与世界的各种不同关系混淆起来了

是的，如果你朝真正意义上的生命看一眼，你就会觉得很难理解对死的奇怪的迷信是建筑在什么基础上。

当你看清了那在黑暗中惊吓了你的幻影究竟是什么以后，你就再也不会被幻影吓住了。

人之所以害怕失去生命，只是因为生命在他看来，除了体现在一种他所了解，但却看不见的他的理性意识与世界的关系上以外，还体现在两种他所不了解，但却看得见的关系上，即他的动物性意识与世界的关系和他的身体与世界的关系。在他看来，所有人都包含着三个方面：第一是他的理性意识与世界的关系；第二是他的动物性意识与世界的关系；第三是他的身体与世界的关系。不理解自己的理性意识与世界的关系是他的唯一真正生命的人，就觉

得自己的生命体现在看得见的动物性意识与世界的关系和身体与世界的关系上，当他身体中以前的那种动物性意识与世界的关系，以及组成他身体的物质与世界的关系被破坏了的时候，他就害怕失去自己的理性意识与世界的独特关系。

这种人觉得，他是由一种物质的运动形成的，这种物质由于不断发展已经达到了人的动物性意识的程度。他觉得，这种动物性意识又发展出理性意识，然后这种理性意识又减弱，重新变为动物性意识，最后，动物性意识也减弱了，死亡来临了，他又重新变成了物质，而他原本就是从物质中产生出来的。在他看来，他的理性意识与世界的只是一种偶然的、不必要的和将要毁灭的东西。按照他的看法，他的动物性意识与世界的关系不可能灭亡，动物性将在自己的种族中得到延续。与世界的物质关系更不可能灭亡，它是永恒的。而最珍贵的东西——他的理性意识，不仅不是永恒的，而且只不过是某个无用多余的东西的一种闪光而已。

但人又觉得，这是不可能的。在这里面存在着对死亡的恐惧。为了摆脱这种恐惧，第一种人想使自己相信，动物性意识就是理性意识，动物性的人的不死，即人的天性、人的种族的不死，满足了他们希望自己的理性意识不死的要求。第二种人则想使自己相信，以前从来没有存在过的生命忽然以肉体存在的形式出现了，后来又消失了，然后又在另一个肉体中复活了，如此无限循环下去。但实际上，不把自己的生命看成是理性意识对世界的态度的人，既不可能相信前者，也不可能相信后者。很明显，对他们来说，人的种族的延续并不能满足不断显现的、要使自己独特的我永远存在的要求。而生命重新开始的概念就包括了生命永不停止的概念，如果生命没有过去，不是永恒的，那它也就不可能有以后。

对于第一种和第二种人来说，现世的生命就像是波浪。从没有生命的物质中产生了个体，从个体中再产生理性意识，它就是波浪的顶点；波浪到达顶点以后，理性意识和个体就向下回归到它们的出发点，然后就灭亡了。对于第一种和第二种人来说，人的生命只是一种看得见的生命。人长大了，成熟了，然后就死去了，人死了就什么也没有了——他死了以后所留下的东西，无论是他的后代，还是他的事业，都不能使他感到满足。他怜惜自己，害怕自己的生命停止。他不可能相信什么他的生命从现世开始，以后结束了，他的生命还会复活等等。

人知道，如果他没有过去，如果他是凭空出现的，那么，他死去以后，那个独特的他就永远也不存在了。只有当一个人认为他根本就没有出生过，他一直存在着，他也将永远存在下去，他才会认为自己不会死。只有当一个人认识到，他的生命不是波浪，而是一种永恒的运动，它只是在此生表现为一个波浪，他才会相信自己的生命不死。

当你想象着，我将死去，我的生命将要结束，这种念头就会折磨你、惊吓你，因而你就怜惜自己。然而，死去的是什么？我怜惜什么？从最平常的观点看我究竟是什么样的？

我首先是一个肉体。那又如何呢？我害怕这一点吗？我怜惜我的肉体吗？似乎并不是这样：肉体、物质，任何时候，无论在什么地方，都不可能消失。我，作为物质的一个部分，不必为此担忧。一切都会是完整的。但有人说，不，我怜惜的不是这个。我是怜惜自己，怜惜列夫·尼古拉耶维奇，怜惜伊凡·谢苗内奇……但要知道，每个人都已经不是二十年前的他了，每一天人都在变化。我有什么好怜惜的？又有人说，不，我不是怜惜这个。我是怜惜我的意识，怜惜我的独特的我。

但要知道你的意识并不是一成不变的，它已经经过了多次变化：一年前它不是这样的，十年前它更不是这样的，再以前就完全不是这样的。从你开始有记忆起，它就一直在变化着。你干吗那么喜欢你现在的意识，而担心失去它呢？如果你的意识是一成不变的，那事情就很好理解，但事实上它一直在变化。你看不见它的开端，也不可能找到它的开端，你却忽然想使它没有结束，使你现在所拥有的意识永远保持下去。从你开始有记忆起的一切都过去了。你自己也不知道是怎样走进了此生的，但你知道，你是带着那个独特的我走进来的，你走啊，走啊，走到一半的时候，忽然，不知道是因为快乐，还是因为惊恐，你停住了，不想离开原地再向前了，因为你看不见你要去的地方。然而，你不是也看不见你来的地方吗，但你却仍然走进来了。你进了门，却不想出门。

你的整个生命就是通过肉体存在的行进过程，你匆匆忙忙地走着，突然，你怜惜起已经发生过的一切，怜惜起你不停地做过的一切。你对肉体的死亡这一巨大的改变感到害怕。但要知道，从你出生以来，我身上已经发生过许多次这种巨大的改变了，这种巨大的改变对你不仅没有什么坏处，而且还有很多好处，以至于你都不想与这种改变分手。有什么东西能使你感到恐惧呢？你说，你怜惜怀有现在的感情和思想、怀有现在对待世界的态度和目光的你。

你害怕失去自己对世界的态度。这种态度是怎样的？它体现在什么地方？

如果它体现在你怎样吃喝，怎样生儿育女和建造房子，怎样穿衣戴帽，怎样对待其他人和动物，那么，必须知道，所有这些是每个人，作为一种会思考的动物，都具有的对生命的态度，这种态度无论如何也不会灭亡。这样的人过去有，现在有，将来也有千千万万，他们的种族毫无疑问能很好地保存下来，就像任何一种物质都能保存下来一样。所有的动物身上都有一种保存自己种族的巨大力量，因此根本不用为这一点而担心。如果你是一个动物，那你根本不用为此而担心，如果你只是一种物质，你就更不用为自己的永恒担心。

如果你害怕失去的不是动物性的东西，那你害怕失去的就是自己对世界的独特的理性态度，这种态度是你走进此生时带来的。你必须知道，这种态度不是与你的出生同时出现的，它与你肉体的诞生没有关系，因此也与你肉体的死亡没有关系。

33 / 可以看到的生命是生命的无限运动的一部分

我的生命和所有其他人的生命在我看来是这样的：

我和所有活着的人，我们在这个世界上碰上了自己，这自己是怀着某种确定的对世界的态度和某种程度的爱的。起初我们以为，我们对世界的态度是与我们的生命同时出现的，但后来对自己和对别人的观察向我们表明，我们每个人对世界的这种态度以及爱的程度，并不是与我们的生命同时出现的，而是由我们从我们所看不见的过去，即肉体诞生之前，带入我们的此生的。此外，我们还看到，我们生命的河流不是什么别的东西，而是我们的爱的不断增多和加强，这种增多和加强永远不会停止，我们的肉体死亡了，只不过是我们自己看不见它们了而已。

我觉得，我们可见的生命就像一个圆锥体，它的顶部和底部是我的智力的视线所达不到的，这个圆锥体的尖端部分就是我对世界的态度，凭着这种态度我首先意识到自己。圆锥体的底部是我已经达到的对生命的最高态度。这个圆锥体的顶端，它的开始，是对我隐蔽着的，这是我出生之前的；圆锥体的延伸，即我的肉体死亡以后，也是我所看不见的。我既不能看见它的顶部，也不能看见它的底部，但我可见的、给我留下了记忆的生命所经过的那一部分，我是无疑知道它的性质的。起初我认为，圆锥体的这一段就是我的整个生命，但随着我真正的生命的运动，一方面，我看到组成我生命的基础的东西，是在生命背后，在生命的界限以外的：随着岁月的流逝，我越来越鲜明生动地感到我与我所看不见的过去的联系。另一方面，我看到这基础又是支撑在我所看不见的未来之上的，我更鲜明生动地感到自己与未来的联系，我得出结论，我的可见的生命，我的尘世的生命，只是我整个生命的一小部分，这整个生命的两端——我出生以前和我死亡以后，无疑是存在的，只是对我现在的意识隐蔽着而已。因此，生命的可见性在肉体死亡以后不存在了，就如同在出生以前生命也不可见一样，并不能消除我对生命在肉体出生以前和肉体死亡以后存在的确信。我是怀着对在我以外的世界的某种确定的爱进入此生的。我的肉体存在，无论是短还是长，是在由我带入此生的爱的不断扩大中度过的，因此我得出了确定无疑的结论：在我出生以前，我是有生命的，正如在此刻以后，在我的肉体死亡之前的每一刻，我都有生命一样，在我死亡之后，我也是有生命的。观察其他人（甚至一般的生物）生存的开端和结束，我看到有的人生命长些，有的人生命短些。有的人在我之前就存在了，现在还继续活着，而有的人在我之后才出世，很快又死去了，但在所有人身上，我都看到真正生命的同一法则的表现——爱的扩大，那是生命的光芒在四射。人生是短暂的，帷幕或迟或早总要落下，所有人的生命都是同一个生命，这同一的生命没有开端，也没有结束。一个人在世上活得长一些或短一些，对他的真正生命来说并没有任何区别。一个人在我的视野中走了很久，另一个人则匆匆而过，这并不能使我认为前者的生命活力就比后者更多。如果我看见一个人从我的窗前走过，无论他走得快些还是走得慢些，我确凿无疑地知道的只是，在我看见他之前他在走着，在我看见他之后他将继续走下去。

但为什么有人走得快，有人走得慢？为什么干瘪的、精神迟钝的、在我们看来已经不能执行生命法则（即爱的扩大）的老人还活着，而孩子、小伙子、姑娘、身心力量正处在全盛期的人却会死去，脱离这肉体生命的躯壳？——按照我们的想象，他们刚刚开始在这肉体生命的躯壳里确立对生命的正确态度。

帕斯卡尔和果戈理的死是好理解的；但舍尼埃[①]、莱蒙托

[①] 安德烈·舍尼埃（Andrea Chenier, 1762—1794），法国诗人，在法国大革命雅各宾专政时期被处死，英年三十二岁。——译者

夫和千百个刚刚开始他们内心的美好工作（我们觉得这工作是能够做完的）的人为什么会死呢？

但这只是我们这样觉得罢了。其实我们中间谁也不了解由其他人带入这个世界的生命基础，不了解在其他人身上发生的生命运动，不了解存在于其他人身上的生命运动的障碍，更主要的是，我们不了解其他人的生命条件，这些条件我们看不见，但它们却是可能的，那些人的生命可能就建筑在这些条件之上。

看铁匠干活的时候，我们觉得那个马掌似乎已经完全打好了，只要再打一两下就行了，但铁匠却把它打扁，重新扔进火里，他知道，这马掌还没锻好。

真正的生命的工作在别人身上完成了没有，我们是不可能了解的。我们只了解自己。我们觉得，某个人在他不该死的时候死了，其实不是这样。一个人只在对他的幸福是必要的时候才会死去，就像一个人只在对他的幸福是必要的时候才会长大成人一样。

实际上，如果我们使用"生命"这个词的时候指的是真正的生命，而不是类似于它的东西，如果真正的生命是一切的基础，那么，基础是不可能依赖于由它所产生出来的东西的：原因不可能是由结果产生出来的，真正生命的河流不可能因它的现象的变化而毁灭。人的生命在这个世界上的原始的、无穷的运动不可能因为生了脓疮，感染了细菌，或是由于被枪弹打中而停止。

人之所以死去，是因为他的真正生命的幸福在这个世界上已经不可能再扩大了，而不是因为他得了肺病，得了癌症，或是被枪弹和炮弹打中。我们常常认为，肉体的生命活着是自然的，而由于火灾、水灾、严寒、雷电、疾病、枪弹和炮弹而死去是不自然的。但如果从各个方面来仔细观察人的生命，认真地想一想，我们就会发现，事实恰恰相反，如果肉体的生命处在这些毁灭性的条件下，处在无数不断传播、大部分是致命的细菌的包围之中，人还活着倒是不自然的。他死去是自然的。因为从物质的意义上来说，肉体的生命处在这些毁灭性的条件中是最不自然的。我们活着，这过程的发生完全不是因为我们爱惜自己，而是因为使自己服从于所有这些条件的生命的事业在我们身上进行。我们活着，不是因为我们爱惜自己，而是因为我们在进行生命的事业。生命的事业结束了，任何东西都不能阻止人的肉体生命的不断毁灭——这种毁灭完成了，这是一直紧紧围绕着人的、最直接导致肉体死亡的原因之一，但在我们看来，它却是肉体死亡的唯一原因。

我们的真正生命是存在的，我们了解它，我们知道肉体的生命来自它，因此，如果它的类似物服从于不可改变的规律，那么产生这类似物的它，怎么能不服从规律呢？

但使我们窘困的是，我们看不到我们的真正生命的原因和活动，但却看得到它的外部现象的原因和活动。我们不知道为什么这个人带着这种独特的我走进生活，而那个人却带着那样的独特的我走进生活？我们不知道为什么这个人的生命中断了，而那个人的生命还在继续？我们问自己：在我出生之前，那个使我出生、使我存在的东西是怎样的？在我死后，我将仍像现在这样生活，还是要换一种方式？我们为得不到这些问题的答案而感到遗憾。

我为现在不能知道我在出生之前和去世之后是什么样感到遗憾，这就像我为不能看到我的视力所及范围以外的东西感到遗憾一样。要知道，如果我看见了我的视力所及的范围以外的东西，我也许就看不见我的视力所及的范围以内的东西了。为了我的肉体幸福，我最需要看到的是我周围的东西。

理性（我借助它认识世界）也同视力一样，如果我能看到我的理性所及范围以外的东西，我也许就看不到它所及范围以内的东西了。为了我的真正生命的幸福，我首先需要知道的是，为了获得生命的幸福，我此时此地必须使我的动物性服从于什么？理性为我解答了这个问题，它向我指出了能使我在此生看到自己的幸福永不中断的唯一道路。

它不容置疑地指出，这生命不是从人的出生才开始的，而是一直存在着，并将永远存在下去，它指出，这生命的幸福在不断增长扩大，一直要增长到包围它的界限再也容纳不了它了，那时它才会冲破限制它增长的所有条件，变成另一种存在。

理性把人放在那唯一的生命道路上，那条路就像一个圆锥形的不断扩大的隧道，周围都封闭着，理性对人指出前方就是那明确无疑、永不停息的生命和它的幸福。

34 / 尘世生活的痛苦无法解释有力地向人证明：人的生命并不是始于生而终于死的个体生命

即使一个人不怕死，也不想到死，但也有许多可怕的、无目的的、无论如何也无法解释和永远无法防备的苦难足以毁灭他的理性思维，而这理性思维就是他的生命。

我正从事着美好的、无疑对他人是有益的事业，但突然，疾病攫住了我，破坏了我的事业，毫无理由毫无目的地折磨我、煎熬我。铁轨上的一颗螺丝钉锈坏了，某一天，它突然断裂了，恰巧在这时有一列火车经过，车厢颠覆，有一位善良的母亲就必须亲眼看到她的孩子们被压死。地震恰巧发生在里斯本或阿拉木图，许多没有罪过的人陷入地中，就在可怕的痛苦中死去了。这有什么意义？为什么会有这成千上万毫无意义的、可怕的、偶然的灾难威胁着人们？

任何理性的解释都解释不通。对所有这些现象的解释总是从问题的本质旁边滑过，只是更有力地证明这问题是不能解决的。因为某种细菌飞到某处而使我生病了；因为潮气侵蚀铁轨而使得孩子们在母亲眼前被车厢压死；因为某种地质变化的规律使阿拉木图塌陷了。但问题在于，为什么恰恰是这些人要遭受这样可怕的灾难？我怎样才能避免这种偶然性的痛苦？

这是无法回答的。恰恰相反，推理清楚地向我指出，使一个人遭受偶然性的灾难而不使另一个人遭受偶然性的灾难的规律是没有的，无数类似这样的偶然性的灾难都是没有规律的，因此，无论我做什么，我的生命每一秒钟都有可能遇到这无数偶然的、可怕的灾难中的某一个。

如果人们只是做出根据他们的世界观所应当做出的结论，那么，把生命看成是个体生命的人就连一分钟也不能活下去了。要知道，没有一个雇工不是依靠雇主谋生的，雇主雇用了雇工，谈妥了条件，每个雇主都是想尽办法剥削雇工，把他放在火上慢慢地烤，或是剥他的皮，或是抽他的筋，总之是当着雇工的面，不加解释且毫无理由地做这一切可怕的事。如果人们真像他们所说的那样充分地理解生命，那么，人们由于害怕那些他们在自己周围所看到和他们随时都可能遭遇到的各种毫无理由的苦难，就会不在这个世界上活下去了。

然而事实不是这样，尽管所有人都知道各种很轻松的自杀方法，知道各种逃避这充满残酷而又毫无意义的痛苦的生活方法，但人们仍旧活着。人们抱怨痛苦，因痛苦而哭泣，但人们仍旧活着。

有人说，之所以会这样，是因为快乐比痛苦多，这是不正确的。因为，第一，不仅平常的推理，而且哲学对生命的研究也清楚地表明，所有尘世的生活都是不断的痛苦，还不是快乐所能补偿的。第二，我们从自己身上和别人身上都了解到，人们始终处在到死为止都不可能减轻的一系列不断增强的痛苦之中，但人们仍旧没有自杀，仍旧活着。

对这种奇怪的矛盾只有一种解释：所有的人在内心深处都知道，所有的痛苦都永远是必要的，对他们生命的幸福是必要的，预见这些痛苦，或是承受它们，都永远是必要的，对他们生命的幸福是必要的，预见这些痛苦，或是承受它们，都是因为要活下去。面对这些痛苦，人们感到愤怒，那是因为人们按照错误的观点来看待生活，只想为自己谋取幸福，人们觉得，痛苦破坏了幸福，痛苦是一种不可理解的东西，因而感到愤怒。

人们在痛苦面前感到恐惧，感到惊讶，彷徨痛苦是某种不可预料和不可理解的东西。而其实所有人都是在痛苦中长大的，他的整个生命就是一系列痛苦，有的是加在他身上的，有的是他加给别人的。似乎是时候了，他应该习惯于痛苦，面对痛苦不再害怕，不再问自己：为什么要有痛苦？痛苦是什么？所有的人，只要他想一想，就会看到，他的所有享乐都是用别人的痛苦换来的，他的所有痛苦对他的快乐来说都是必要的，没有痛苦也就没有快乐，痛苦和快乐是相对而又相成的东西，谁也离不开谁。因此问题就变成了这样：理性的人问自己，为什么要有痛苦？痛苦是什么？为什么了解痛苦与快乐是相联系的人只问自己：为什么要有痛苦？痛苦是什么？而不问自己：为什么要有快乐？快乐是什么？

所有的动物和人，作为一种活的东西，他们的生命就是一系列不断的痛苦。动物和人的所有活动只能激发不断的痛苦。痛苦是一种类似生病的感觉，这种感觉能激发一种力图摆脱生病的感觉的行为，能激发一种快乐的情绪。动物和人的生命不仅不会被痛苦所毁坏，而且会因为痛苦而变得完善。痛苦是推动生命前进的东西，因而是应该有的。当人在问为什么要有痛苦、痛苦是什么的时候，他问的到底是什么呢？

动物是不问这样的问题的。

一条鲈鱼因为饿了去吃一条小虫，蜘蛛捕捉苍蝇，狼吃羊，它们都知道它们所做的事是应该做的，它们完成了应该完成的事。因此，当鲈鱼、蜘蛛和狼被比它们更强大的动物捕捉的时候，它们拼命地奔跑、挣扎、力图逃脱，它们知道捕捉它们的动物所做的事是应该做的，因此它们丝毫也不怀疑它们所遭遇的一切是应该发生的。但人就不同了，一个在战场上打伤了别人的腿，而现在正忙着医治自己也被打伤了的腿的人，一个直接或间接地把许多人关进监狱，而又在设计如何让这些人在单人牢房里以最好的方式度过时间的人，或是一个刚刚杀死成百上千只动物，并且吃了许多动物，而现在却在想着如何打退和躲避正在追赶他的狼的人——这样的人不可能发现他所遭遇到的一切都是应该发生的。他不可能认识到他所遭遇的一切是应该发生的，因为遭遇这些痛苦时他没有做他应该做的一切。没有做他应该做的一切，他就觉得他所遭遇的事是不应该发生的。

那么，一个人应该做些什么来躲避正在追赶他的狼？一个理性的人应该做的是：承认是罪孽造成了痛苦，为这种罪孽忏悔，从而认识真理。

动物只为眼前的事痛苦，因此被动物的痛苦所激发的行动也是针对眼前的事物的，它完全能使动物感到满足。人却不仅为眼前的事痛苦，也为过去和将来的事而痛苦，因此，如果被人的痛苦所激发的行为只是针对眼前的动物性的需求，那是不能使人感到满足的。只有针对根源和针对痛苦的原因，针对过去和针对未来的行为才能使痛苦中的人感到满足。

动物被关进了笼子，它力图挣脱出来；动物的腿断了，它舔受伤留下的伤口；一只动物或是被其他的动物吃，或是吃其他的动物。动物的生命法则从外部被破坏了，它就用自己的行动去恢复那法则，去完成那应该完成的一切。但人就不同了。我自己，或是我的亲人，坐在监狱里；我自己，或是我的亲人，在战争中被打断了腿；或是狼群在撕咬我；从监狱里逃跑，医治自己的腿；或是逃避狼群，这些都不能使我感到满足，因为被关在监狱里，腿的疼痛和被狼群撕咬，只占我的痛苦的很小一部分。我看到我的痛苦的根源是在过去，在我自己和别人的迷误之中，如果我的行动不能消除痛苦的根源——迷误，那我就不会去努力解脱自己，不会去做那应该做的事，因为在我看来，痛苦是不应该的，结果，它不仅在实际上，而且在想象中变得极其可怕，以致使生命都变得不可能了。

对动物来说，痛苦的根源是动物的生命法则被破坏了，这种破坏就表现为对疼痛的意识，法则被破坏所激发的行动是要消除疼痛。对理性意识来说，痛苦的根源是理性意识的生命法则遭到破坏。这种破坏表现为迷误和罪孽，法则被破坏所激发的行动也是要消除迷误和罪孽。正如动物的痛苦所激发的行动是针对疼痛的，是要把动物从折磨它的痛苦中解放出来，理性的人的痛苦所激发的行动也是针对迷误的，也是要把人从折磨他的痛苦中解放出来。

问题在于：为什么要有痛苦？为了什么而痛苦？人在感受或想象痛苦的时候，心灵中所产生的东西只是向人表明，人还没有认识到痛苦应该在他身上激发的、能够使他从痛苦中解放出来的那种行动。事实上，对于把自己的生命看成是动物性生存的人来说，在他没有真正理解生命之前，是不可能有这种能使他从痛苦中解放出来的行动的。

当一个把自己的生命看成是个体生存的人，发现自己痛苦的根源在于自己的迷误，他明白了他生病是因为吃了不好的东西，他被打伤了是因为他自己参加了斗殴，他挨饿和挨冻是因为他不去工作，总之，他知道了，他痛苦因为他做了不该做的事。为了不再做这些不该做的事,他要去消除他的迷误,而不对痛苦感到愤怒,他很轻松地,甚至是很快乐地承受他的痛苦。但当一个人的痛苦超出了他所能看见的痛苦和迷误的范围时,当一个人的痛苦的根源总是不在于他的个人行动,或者他的痛苦的结果无论对他还是对任何其他人都毫无必要时,他就觉得他遭受的是不应该有的痛苦,他就会问自己:为什么要有痛苦?为了什么而痛苦?一旦他找不到自己行动的目标,他就对痛苦感到愤怒了,他的痛苦就变成一种可怕的折磨。人的大多数痛苦都是这样的,它们的原因或结果常常在时间和空间上对他是隐蔽的:遗传性的疾病,不幸的偶然事件,歉收,遇险,火灾,地震之类总是带来死亡的事情。

如果有人解释说,这对将来的人是必要的一课,使他们知道为了不把疾病遗传给下一代就不能沉溺于情欲,或是使他们能更好地安排火车的行驶,或是使他们对火要更加小心等等,所有这些解释实际上并没有对问题做出回答。我不能认为我的生命的意义在于成为别人的疏忽大意的一个例证。我的生命就是我的生命,它包含着我对幸福的向往,它不是别人的生命的例证。这些解释只对闲谈是合适的,它们丝毫也不能减轻我对那些毫无意义地威胁着我的痛苦的恐惧,这些痛苦排斥了生命的可能性。

如果对问题能够这样来理解,即我的迷误能够造成其他人的痛苦,那么我的痛苦也就是其他人的迷误造成的。如果能够带点牵强地这样来理解，即所有的痛苦都指出了应该由人们在此生中纠正的迷误，这也不能解决问题，无数无法解释的痛苦依然存在。一个人在森林中被狼吃了，一个人淹死了，冻死了，被烧死了，或者只是生病了，然后孤零零地死去，任何人都不可能知道他曾经怎样痛苦，不可能知道类似这样的千千万万的事情。这能带给什么人以什么好处？

对于把自己的生命看成是动物性生存的人来说，没有也不可能有任何解释，因此，对这种人来说，痛苦与迷误之间的关系只存在于他所看得见的现象中，而这种关系在他临死前的痛苦中已经完全从他的理性视野中消失了。

对人来说有两种选择：或者是不承认自己所体验的痛苦与自己的生命之间有关系，继续承受没有任何意义的无数痛苦的折磨，或者承认我的迷误和由于这种迷误而做出的行为是罪孽（无论是怎样的罪孽），是我的痛苦的原因（无论是怎样的原因），我承受痛苦就是在赎免我和其他人的罪孽。

对待痛苦只能有两种态度：一种是认为痛苦是不应该的，因此我看不到它的外部意义；另一种是认为痛苦是应该的，因此我能够认识到它对我的真正的生命的内在意义。第一种态度来源于把自己个体生命的幸福就看成是幸福。第二种态度来源于把自己贯穿于过去和未来、与别人和别的生物的幸福息息相关的整个生命的幸福看成是幸福。按照第一种态度，对痛苦就不能做出任何解释，除了不断增长、无法解决的绝望和恼恨以外，痛苦不能激发任何别的行动；按照第二种态度，痛苦激发的行动恰恰组成了真正的生命的活动——对罪孽的认识，从迷误中解放出来，以及对理性意识的服从。

即使不是人的理性，痛苦本身也会有意无意地使人认识到他的生命并不存在于他的个体之中，他的个体只是他的整个生命中看得见的那一部分，他所看得见的原因和行动之间的外部关系，与他的理性意识所了解的原因和行动之间的内在关系并不一致。在时间和空间的条件下，人的动物性所看得见的迷误和痛苦之间的关系，对于在这些条件以外的人的理性来说总是清楚的。无论怎样的痛苦，人都把它看成是自己罪孽的结果，忏悔自己的罪孽就能赎免痛苦，就能得到幸福。

人的整个生命，从幼年时代的第一天起，就只是这样的：通过痛苦不断地意识到自己的罪孽，把自己从迷误中解放出来。我知道，我是带着对真理的一定的认识进入此生的，我的迷误越深，我和别人的痛苦也就越多；我越是把自己从迷误中解放出来，我和别人的痛苦也就越少，我所得到的幸福也就越多。因此，我知道，我离开这个世界时，对真理的认识——尽管这认识会给我以临死前最后的痛苦——越多，我所得到的幸福也就越多。

只有那些把自己与世界的生命分开、看不到自己的罪孽、看不到正是由于这些罪孽他才把痛苦带进了世界的人，才会认为自己是无罪的，因而对他为世界的罪孽所承受的痛苦感到愤怒。

令人惊奇的是，对人的理性，对人的心灵很清楚的那些东西，正是在生命的唯一真正的活动中，即在爱中，被证明是正确的东西。理性告诉我们，认为自己的罪孽和痛苦与世界的罪孽和痛苦有联系的人，就能从痛苦的折磨里解放出来。事实上，爱证明了这是正确的。

每个人生命的一半都是在痛苦中度过的，人不仅不认为这痛苦折磨人，而且几乎察觉不到这痛苦，反而认为这是自己的幸福，之所以会这样，是因为人承担痛苦是把它们看作迷误，看作能减轻他所爱的人的痛苦的一种手段。因此，爱越少，人所承受的痛苦就越多；爱越多，人所承受的痛苦就越少。生命完全是理性的，生命的所有行为都只表现为爱，排除了任何痛苦的可能性的爱。只有企图破坏把先辈、后代和同时代人联结成一体的那条锁链（这锁链把人的生命和世界的生命联结在一起）的人，才会感到痛苦。

35 / 肉体的痛苦是人的生命和幸福的必要条件

"但我仍旧疼痛,肉体感到疼痛。为什么要有这疼痛?"人们问。"我们不仅需要这疼痛,而且没有疼痛我们就无法生活。"造成我们疼痛的人这样回答。他造成的疼痛是尽可能地小,而由于这疼痛所获得的幸福却是尽可能地大。谁不知道呢,我们最初的疼痛感就是保存我们的肉体和延续我们的动物性生命的基本和主要的手段,如果没有这种疼痛感,我们可能就会因为取乐而把孩子的皮肤烧伤,把自己的身体割破。肉体的疼痛保护了肉体。当疼痛对肉体是一种保护的时候,就像孩子们疼痛时那样,这种疼痛就不可能是一种可怕的痛苦,像我们这些理性意识已经充分成熟了的成人所认为的那样。我们这些大人总是抗拒疼痛,认为它们是不应该有的。动物和孩子的疼痛总是有一定限度的,从来也不会达到那种极端痛苦的程度，像在有理性的成人身上所达到的那种程度。我们有时会看到一个孩子因为被跳蚤咬了一下而号啕大哭，就好像是他的内脏破裂了似的。还不具备理性的人的痛苦不会留下任何记忆。不管是谁，如果要他努力回忆一下自己年幼时因为疼痛所感到的痛苦，他一定会发现，他不仅对当时的痛苦毫无印象，甚至都想象不出当时的痛苦是什么样儿。我们看到孩子和动物痛苦时留下的印象远比他们自己的痛苦要强烈得多。不具备理性的人的痛苦的外部表现，要比痛苦的本身强烈得多，因此唤起我们的同情也强烈得多，我们在看到患脑病、发高热、生伤寒病，以及其他各种濒死的人时，就会有这样的感觉。

当理性意识还没觉醒时，疼痛对个体是一种保护，它不是一种折磨人的痛苦。当人有了理性意识的可能时，疼痛则成了使动物性服从于理性的一种手段，理性意识觉醒的程度越高，疼痛的程度就越小。

实际上，只有处在理性意识充分成熟的状态下，我们才谈得上痛苦，因为只有在那种状态下，生命才真正开始，我们称之为痛苦的那种状态也才真正开始。在那种状态下，疼痛的感觉可能被夸大到无限大，也可能被缩小到无限小。实际上，谁不知道呢，即使不研究生理学，人们也知道感觉是有极限的，当疼痛增大到某个限度时，或者是感觉停止了——昏厥了，麻木了，发高烧了，或者是死了。夸大疼痛也许就是确定了一个范围，使自己不可能走出这个范围。疼痛的感觉可以因我们对疼痛的态度而夸大到无限大，或缩小到无限小。

我们都知道，当人认为某种疼痛是应该的时候，他能够克服它，使它变得一点也不疼痛，甚至使自己把承受这疼痛当成一种快乐。就不谈那些殉难的圣徒，不谈那些在火堆上歌唱的天使吧，即使普通的人，为了要表现他的勇气，也能不喊叫也不颤抖地忍受被认为是最痛苦的手术。疼痛被夸大是有限度的，而疼痛的感觉被缩小却是没有限度的。

对于把自己的生命看成是肉体生存的人来说，疼痛的折磨确实是可怕的。理性的力量赋予人，本来是让他用来消灭痛苦的折磨的，而他却用来夸大痛苦的折磨，痛苦对他来说怎么能不可怕呢？

柏拉图讲过一个神话，说神本来确定人的寿命是七十岁，但后来他发现人因此而变坏了，于是他就改变了他的决定，使得人像现在这样不知道自己什么时候死。那神话还说，人被创造出来时，起初是没有疼痛感的，后来为了人的幸福才让人像现在这样有了疼痛感。

如果人被创造出来时是没有疼痛感的，人很快就会请求让自己有疼痛感的。生孩子的时候如果没有疼痛感，女人生下的孩子大概很少能存活；如果没有疼痛感，孩子和年轻人会把自己弄得遍体鳞伤，成年人永远也不会知道别人——过去的人和现在的人的迷误，更主要的是，不会知道自己的迷误。人们会不知道他们在此生该做什么，会失去理性活动的目标，人们永远也不能接受关于死亡将会到来的想法，永远也不会有爱。

对于把生命看成是使自己的个体服从理性法则的人来说，疼痛不仅不是可恶的东西，而且是他的肉体生命和理性生命存在的必要条件。没有疼痛，肉体就不会知道什么东西违背了自己的法则；理性意识没有体验过痛苦，人就不能认识真理，就不能认识自己的法则。

你们所说的只是自己的痛苦，你们怎么能否认别人的痛苦呢？要知道，人们常常不坦露最折磨自己的痛苦。别人的痛苦吗？别人的痛苦过去没有停，将来也不会停止。全世界的人和动物都受着痛苦，而且将不停地承受痛苦。难道我们是到今天才了解这一点吗？受伤，残废，饥饿，寒冷，病痛，所有不幸的意外事件，更主要的是，分娩，没有它谁也不能出世——所有这一切都是生存的不可缺少的条件。缩小痛苦，帮助受苦的人，这就是人的理性生活的内容。理解了个体的痛苦和人的迷误的根源，减少痛苦和迷误就成了人的生命的全部事业。正因为我是一个人，也是一个个体，所以我能理解别的个体的痛苦，我，作为一个有理性意识的人，在每一个单独个体的痛苦中看到了痛苦的共同根源——迷误，我能消灭自己和别人的痛苦根源。对工人来说，他的工作对象怎么会成为他的痛苦呢？正如一个农民不会说，没有耕过的田地成了他的痛苦。没有耕过的田地只对这样的人，即希望田地被翻耕，但又不认为翻耕田地是他的生命事业的人，才是痛苦的。

直接以爱的行动去帮助受苦的人,消灭痛苦的共同根源——迷误,这就是人的唯一快乐的工作,它给人以不可剥夺的幸福,人的生命就存在于这幸福之中。

痛苦对于人只是这样一种东西,不管你愿意不愿意,它迫使你献身于那种充满了幸福的生活。

这种痛苦就是对自己的罪孽和世界的罪孽的意识,它不仅可能,而且必然导致自己和全世界的生命中所有真理的实现——不是由任何别人去实现,而是由我自己去实现。用下面的方法来消除这种痛苦是不可能的:第一种方法是因为我自己参与了世界的罪孽,因而对自己的罪孽视而不见;第二种方法是不仅不再相信由自己而不是由别人来实现自己和全世界的生命的全部真理的可能性,而且也不再相信其必要性——第一种方法只会夸大我的痛苦,第二种方法则会夺走我的生命力。只有真正生命的意识和行动才能消除这种痛苦,而真正的生命消灭了个体生命与人所意识到的目的之间的不一致。不管你愿意不愿意,人必须承认他的生命并不局限于他的个体从生到死的这一过程,人所意识到的目的是一个可以实现的目的,人的生命与整个世界的生命是不可分割的,人的生命的事业,无论是过去、现在还是将来,都在于对他所意识到的目的的追求——最大程度地认识自己的罪孽,最大程度地实现自己和全世界的生命中的所有真理。即使不是理性意识,因对生命的认识的迷误所产生的痛苦,也必定会把人驱赶到那条唯一的生命道路上，在那条道路上没有障碍，没有罪恶，而只有一个东西，那就是任何东西也不能破坏、既无开始也无结束的、不断增加的幸福。

结 论

  人生就是追求幸福，他追求什么，他就将得到什么。
  只有当人把自己动物性的肉体的存在规律看成自己生命的规律时，他才会看到以死亡和痛苦的形式表现出来的恶。只有当人降低到动物的水平时，他才会看到死亡和痛苦。死亡和痛苦像一群吓人的东西从四面八方威胁着他，把他赶到一条为他开放的、服从理性法则、表现为爱的人生道路上去。死亡和痛苦是由于人违背了自己的生命法则。对于遵循自己的法则生活的人来说，既没有死亡，也没有痛苦。

  凡劳苦担重担的人可以到我这里来，我就使你们得安息。
  我心里柔和谦卑，你们当负我的轭，学我的样式；这样，你们心里就必得享安息。

因为我的轭是容易的，我的担子是轻省的。

——《马太福音》

人生就是追求幸福，人只要去追求，他就将得到：不会有死亡的生命和不会成为灾祸的幸福。

列夫·托尔斯泰
1887年

附录一

人们常常说：我们研究生命不是根据对自己生命的意识，而是根据我们身外的一般生命。这就好比是说：我们观察事物不是用自己的眼睛，而是观察我们身外的一般事物。

我们看到我们身外的各种事物，是因为我们用自己的眼睛看到了它们，我们了解我们以外的生命，是因为我们了解自己身上的生命。我们能够看到事物，只是因为我们用自己的眼睛看到了它们，我们能够给自己以外的生命下定义，只是因为我们了解自己身上的生命。我们知道，我们身上的生命就是追求幸福。所以，不把生命的定义看成是追求幸福，就不仅不可能观察生命，而且甚至看不到生命。

我们认识生物时所采取的第一的和主要的行动是把许多各种各样的东西包括在"生物"这一个概念底下，这个"生物"的概念就把所有其他的东西排除在外了。我们这样做是基于我们大家对生命有一个公认的定义，即每一个单独的生物都追求自己的幸福。

我们都知道,一个骑在马上的人不是许多生物,也不是一个生物,我们之所以知道这一点,不是因为我们仔细观察了组成人和马的所有部分,而是因为无论在人和马的头部、脚部,还是其他部分上,我们都看不到单个的生物对幸福的追求,我们很了解我们自己身上有这种追求。我们知道,一个骑在马上的人不是一个生物,而是两个生物,因为我们知道在这两个生物身上分别有两种对幸福的追求,而我们在自己身上却只了解一种追求。

所以,我们知道这人和马的组合中有生命,马群中有生命,一群鸟、一群昆虫、一排树、一丛草中都有生命。如果我们不了解马渴求自己的幸福,人也渴求自己的幸福,不了解马群中的每一匹马、每一只飞鸟、每一只甲虫、每一棵树、每一株草都渴求幸福,我们就不可能看到每一个生物独特的个性,而看不到每一个生物独特的个性,我们就永远也不可能理解任何生物:一群骑兵、一群马、一群鸟、一群昆虫、一片植物——所有的一切就如同大海的波浪,整个世界汇成了无穷的运动,如果我们看不到每个生物独特的个性,我们就不可能在这世界中找到生命。

如果说,我知道一匹马、一条狗、一只寄生在狗身上的虱子,都是有生命的东西;我能观察它们,那也只是因为狗、虱子都有自己的目标,即追求自己的幸福。我之所以知道这一点,是因为我知道自己也是这样地在追求自己的幸福。

认识生命的基础就在于认识这种对幸福的要求。不承认人在自己身上所感觉到的那种对幸福的追求就是生命,就是任何生命的标志,就不可能研究生命,不可能对生命做任何观察。所以,只有当生命已经被了解时,对生命的观察才可能开始,而任何对生命现象的观察都不可能确定(错误的科学却认为可以确定)什么是生命本身。

人们不承认生命就是他们在自己身上能找到的那种对幸福的追求,却认为有可能认识虱子身上的这种追求,然后在这种假定的、毫无根据的有关虱子追求幸福的知识的基础上,他们进行观察,甚至做出关于生命本质的结论。

我对我以外的生命的理解是基于我追求幸福的意识。只是因为我认识到我的生命和我的幸福是什么,我才能认识别的生物的生命和幸福是什么。如果不认识自己的生命和幸福是什么,我就绝对不可能认识别的生物的生命和幸福是什么。

别的生物所追求的目的是我所不了解的(正如我知道我所追求的是幸福),观察它们不仅不能使我弄清楚任何东西,相反却可能使我对我真正了解的生命的概念变模糊了。

要知道,不了解自己的生命的定义,却要去研究别的生物的生命,就好比是画一幅画,不画中心,却只画陪衬物。只有确定了一个不可动摇的中心,才可以去画陪衬物。无论我们画什么,不确定中心,就画不好陪衬物。

附录二

错误的科学,研究与生命伴随与共的现象,却认为是在研究生命本身,并且以种种假设来歪曲生命的概念。因此,他们研究那些被他们称为生命的现象研究得越多,他们离他们想研究的生命的概念就越远。

起初他们研究哺乳动物,然后再研究脊椎动物,研究鱼类、植物、珊瑚虫、细胞、微生物,事情弄到这样的地步,生物与无生物、有机物与无机物、一种有机物与另一种有机物之间几乎没有什么区别和界限了,最重要的研究和观察对象已经不可能被观察了。生命的秘密,对万千生物的解释都归结到眼睛看不见的微生物身上去了,人们多半只是在猜测,今天声称发现了,明天又被忘却了。对万千生物的解释都被归结到只有在显微镜底下才能看到的微生物,甚至更微小的生物体身上。但似乎往小的方向无限地深入下去是不可能的,这与往无限大的方向扩展是不一样的。如果说生命的秘密只有当研究进入到无限小的领域里才能被揭示的话，那就等于说，永远也不能被揭示。人们看不到这样一个事实，即如果问题必须在无限小的领域里才能得到解决，那么这就无疑证明了，这个问题的提出本身就是不正确的。这是疯狂的最高阶段，这清楚地证明了研究已经完全失去了意义，然而这个阶段却被认为是科学的胜利。最高度的盲目却被看成了最高度的视力敏锐。人们走进了死胡同，并且清楚地看出他们所走的路的错误性，却还兴高采烈。人们还在努力把显微镜的倍数弄得更大，从无机物转向有机物，再从有机物转向心理研究，所有的生命秘密他们全要解开。

人们研究物体的影子，而不去研究物体本身，他们已经忘记了物体的本身，他们越来越深地进入到影子里去，进入到完全的黑暗中，他们还为这影子的复杂而欣喜万分。

生命的意义就是追求幸福，这清楚地被揭示在人的意识中。弄清楚这种幸福，更准确地给它下定义，就是整个人类的生活的主要目的和工作，由于这种工作很艰难，不是儿戏，而是工作，所以人们就认为这种幸福的定义不可能在它所在的地方找到，即不可能在人的意识中找到，因此他们就到处乱找，而偏偏不在它所在的地方找。

这就好比一个人在做这样的事，别人在便条上对他明确地指示了他所需要的东西在哪儿，他不去读便条，却把它扔了，然后问他所遇到的所有的人是否知道他所需要的东西在哪儿。生命的定义，即追求幸福，就像抹不掉的字迹，印在人们的心灵中,而人们却到处找它,唯独不到自己的意识中去找。这真是奇怪,整个的人类,以人类中的智慧者为代表,早在古希腊时就说过这样的名言:"认识你自己吧!"然而后来却说出,并继续在说着许多完全相反的话。各种宗教的本质不是什么别的东西,正是生命的定义,即生命就是追求真正的、实在的、人能够获得的幸福。

附录三

人越来越清楚地听到理性的声音：人越来越经常地倾听这个声音，这个声音比吸引人去追求个体的幸福、去履行骗人的责任的声音更响亮的时刻正在来到，已经来到。一方面，人们越来越清楚，个体的生命及其诱惑不可能给人幸福；另一方面，履行人们所指定的那些各种责任只是一种欺骗，它使人不可能去履行人的真正唯一的责任——服从理性和幸福的原则，而这个原则才是人的根本。那个要求人们信仰不能用理性解释的东西的古老谎言已经腐朽不堪了，人们不可能再去相信它了。

过去有人说：不是争辩吧，只要信仰我们给你指定的责任。理性是骗人的。只有信仰才能给你诠释真正的生命幸福。于是人就努力去信仰啊，信仰啊，但与别人的交往使他知道了许多其他人所信仰的与他信仰的完全不同，他们也认定他们所信仰的东西能给人以最大的幸福。于是就不可避免地要去解决一个问题了：众多的信仰中哪一个更正确？而解决这个问题只有靠理性。

人总是靠理性来认识一切的，而不是靠信仰。你可以欺骗人，断言你是靠信仰认识一切的，而不是靠理性。但当一个人了解两种信仰，当他看到奉行另一种信仰的人也同他一样虔诚时，他就不得不用理性去解决他所面临的问题了。一个了解了伊斯兰教的佛教徒，如果他仍旧是一个佛教徒，那他之所以仍旧是佛教徒就不是凭信仰，而是凭理性。只要另一种信仰出现在他面前，那么，是放弃还是坚持自己原来的信仰，这一问题的解决就不可避免地要依靠理性。一个佛教徒，如果他了解了伊斯兰教，但他仍旧是个佛教徒，那他过去对佛的盲目信仰现在就建立在理性的基础上了。

在我们这个时代，企图避开理性，通过信仰把精神的东西灌输给人，这就等于企图不通过嘴而把人喂饱。

与人们的交往对人揭示了人类认识事物的共同基础，人们已经不可能再回到过去的迷误中去了——死人听见上帝儿子声音的时刻正在来到，已经来到，听见的人就要复活了。

压制这个声音是不可能的，因为这不是一个人的声音，而是整个人类的理性意识的声音，它在一个个人心中回响，在人类最优秀的人心中回响，现在已经在大多数人的心中回响了。

图书在版编目（CIP）数据

人生论 /（俄罗斯）列夫·托尔斯泰著；许海燕译. —北京：商务印书馆，2022（2024.2 重印）
ISBN 978 – 7 – 100 – 21745 – 3

Ⅰ.①人… Ⅱ.①列… ②许… Ⅲ.①人生观 —俄罗斯 — 近代 — 文集　Ⅳ.①B512.49-53

中国版本图书馆 CIP 数据核字（2022）第179069号

权利保留，侵权必究。

人　生　论
〔俄〕列夫·托尔斯泰　著
许海燕　译

商 务 印 书 馆 出 版
（北京王府井大街36号　邮政编码 100710）
商 务 印 书 馆 发 行
山西人民印刷有限责任公司印刷
ISBN 978 – 7 – 100 – 21745 – 3

2023年1月第1版	开本 889×1194　1/32
2024年2月第2次印刷	印张 7

定价：50.00元